에듀윌과 함께 시작하면,
당신도 합격할 수 있습니다!

오랜 직장 생활을 마감하며 찾아온 앞날에 대한 막연한 두려움
에듀윌만 믿고 공부해 합격의 길에 올라선 50대 은퇴자

출산한지 얼마 안돼 독박 육아를 하며 시작한 도전!
새벽 2~3시까지 공부해 8개월 만에 동차 합격한 아기엄마

만년 가구기사 보조로 5년 넘게 일하다, 달리는 차 안에서도
포기하지 않고 공부해 이제는 새로운 일을 찾게 된 합격생

누구나 합격할 수 있습니다.
시작하겠다는 '다짐' 하나면 충분합니다.

마지막 페이지를 덮으면,

에듀윌과 함께
공인중개사 합격이 시작됩니다.

공인중개사 1위

15년간 베스트셀러 1위
에듀윌 공인중개사 교재

탄탄한 이론 학습! 기초입문서/기본서/핵심요약집

기초입문서(2종)

기본서(6종)

1차 핵심요약집+기출팩(1종)

출제경향 파악, 실전 엿보기! 단원별/회차별 기출문제집

단원별 기출문제집(6종)

회차별 기출문제집(2종)

다양한 문제로 합격점수 완성! 기출응용 예상문제집/실전모의고사

기출응용 예상문제집(6종)

실전모의고사(2종)

* 2023 대한민국 브랜드만족도 공인중개사 교육 1위 (한경비즈니스)
* YES24 수험서 자격증 공인중개사 베스트셀러 1위 (2011년 12월, 2012년 1월, 12월, 2013년 1월~5월, 8월~12월, 2014년 1월~5월, 7월~8월, 12월, 2015년 2월~4월, 2016년 2월, 4월, 6월, 12월, 2017년 1월~12월, 2018년 1월~12월, 2019년 1월~12월, 2020년 1월~12월, 2021년 1월~12월, 2022년 1월~12월, 2023년 1월~12월, 2024년 1월~12월, 2025년 1월~6월 월별 베스트, 매월 1위 교재는 다름)
* YES24 국내도서 해당분야 월별, 주별 베스트 기준

에듀윌 공인중개사

합격을 위한 비법 대공개! 합격서&부교재

이영방 합격서
부동산학개론

심정욱 합격서
민법 및 민사특별법

임선정 합격서
공인중개사법령 및 중개실무

김민석 합격서
부동산공시법

한영규 합격서
부동산세법

오시훈 합격서
부동산공법

신대운 합격서
쉬운민법

심정욱 핵심체크 OX
민법 및 민사특별법

오시훈 키워드 암기장
부동산공법

핵심 테마를 빠르게 공략하는 단기서

이영방 합격패스 계산문제
부동산학개론

심정욱 합격패스 암기노트
민법 및 민사특별법

임선정 그림 암기법
공인중개사법령 및 중개실무

김민석 테마별 한쪽정리
부동산공시법

오시훈 테마별 비교정리
부동산공법

시험 전, 이론&문제 한 권으로 완벽 정리! 필살키

이영방 필살키

심정욱 필살키

임선정 필살키

오시훈 필살키

김민석 필살키

한영규 필살키

신대운 필살키

더 많은
공인중개사 교재

* 해당 교재의 이미지는 변경될 수 있습니다.

공인중개사, 에듀윌을 선택해야 하는 이유

9년간 아무도 깨지 못한 기록
합격자 수 1위

합격을 위한 최강 라인업
1타 교수진

공인중개사

합격만 해도 연 최대 300만원 지급
성공 DREAM 지원금

업계 최대 규모의 전국구 네트워크
동문회

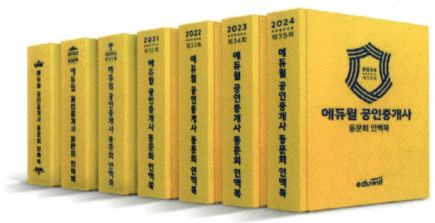

* 2023 대한민국 브랜드만족도 공인중개사 교육 1위 (한경비즈니스)
* KRI 한국기록원 2016, 2017, 2019년 공인중개사 최다 합격자 배출 공식 인증 (2025년 현재까지 업계 최고 기록) * 에듀윌 공인중개사 과목별 온라인 주간반 강사별 수강점유율 기준 (2024년 11월)
* 성공 DREAM 지원금 신청은 에듀윌 공인중개사 VVIP 프리미엄 성공패스 수강 후 2027년까지 공인중개사 최종 합격자에 한해 가능합니다. (상세 내용 홈페이지 유의사항 확인 필수)

에듀윌 공인중개사

1위 에듀윌만의
체계적인 합격 커리큘럼

합격자 수가 선택의 기준, 완벽한 합격 노하우
온라인 강의

① 전 과목 최신 교재 제공
② 업계 최강 교수진의 전 강의 수강 가능
③ 합격에 최적화 된 1:1 맞춤 학습 서비스

쉽고 빠른 합격의 첫걸음 **합격필독서 무료** 신청

최고의 학습 환경과 빈틈 없는 학습 관리
직영학원

① 현장 강의와 온라인 강의를 한번에
② 시험일까지 온라인 강의 무제한 수강
③ 강의실, 자습실 등 프리미엄 호텔급 학원 시설

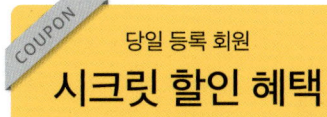

설명회 참석 당일 등록 시 **특별 수강 할인권** 제공

친구 추천 이벤트

" **친구 추천**하고 한 달 만에
920만원 받았어요 "

친구 1명 추천할 때마다 현금 10만원 제공
추천 참여 횟수 무제한 반복 가능

※ *a*o*h**** 회원의 2021년 2월 실제 리워드 금액 기준
※ 해당 이벤트는 예고 없이 변경되거나 종료될 수 있습니다.

친구 추천 이벤트
바로가기

자세한 내용이 궁금하다면 1600-6700
* 2023 대한민국 브랜드만족도 공인중개사 교육 1위 (한경비즈니스)

공인중개사 1위

합격자 수 1위 에듀윌
7만 건이 넘는 후기

고○희 합격생

부알못, 육아맘도 딱 1년 만에 합격했어요.

저는 부동산에 관심이 전혀 없는 '부알못'이었는데, 부동산에 관심이 많은 남편의 권유로 공부를 시작했습니다. 남편 지인들이 에듀윌을 통해 많이 합격했고, '합격자 수 1위'라는 광고가 좋아 에듀윌을 선택하게 되었습니다. 교수님들이 커리큘럼대로만 하면 된다고 해서 믿고 따라갔는데 정말 반복 학습이 되더라고요. 아이 둘을 키우다 보니 낮에는 시간을 낼 수 없어서 밤에만 공부하는 게 쉽지 않아 포기하고 싶을 때도 있었지만 '에듀윌 지식인'을 통해 합격하신 선배님들과 함께 공부하는 동기들의 위로가 큰 힘이 되었습니다.

이○용 합격생

군복무 중에 에듀윌 커리큘럼만 믿고 공부해 합격

에듀윌이 합격자가 많기도 하고, 교수님이 많아 제가 원하는 강의를 고를 수 있는 점이 좋았습니다. 또, 커리큘럼이 잘 짜여 있어서 잘 따라만 가면 공부를 잘 할 수 있을 것 같아 에듀윌을 선택했습니다. 에듀윌의 커리큘럼대로 꾸준히 따라갔던 게 저만의 합격 비결인 것 같습니다.

안○원 합격생

5개월 만에 동차 합격, 낸 돈 그대로 돌려받았죠!

저는 야쿠르트 프레시매니저를 하다 60세에 도전하여 합격했습니다. 심화 과정부터 시작하다 보니 기본이 부족했는데, 교수님들이 하라는 대로 기본 과정과 책을 더 보면서 정리하며 따라갔던 게 주효했던 것 같습니다. 합격 후 100만 원 가까이 되는 큰 돈을 환급받아 남편이 주택관리사 공부를 한다고 해서 뒷받침해 줄 생각입니다. 저는 소공(소속 공인중개사)으로 활동을 하고 싶은 포부가 있어 최대 규모의 에듀윌 동문회 활동도 기대가 됩니다.

다음 합격의 주인공은 당신입니다!

더 많은
합격 비법

* 본 합격수기는 실제 수강생의 솔직한 의견을 포함하고 있습니다. (이벤트 혜택을 제공받았음)
* 에듀윌 홈페이지 게시 건수 기준 (2025년 6월 기준)
* 2023 대한민국 브랜드만족도 공인중개사 교육 1위 (한경비즈니스)

시작하는 방법은
말을 멈추고
즉시 행동하는 것이다.

– 월트 디즈니(Walt Disney)

합격할 때까지 책임지는 개정법령 원스톱 서비스!

법령 개정이 잦은 공인중개사 시험. 일일이 찾아보지 마세요!
에듀윌에서는 필요한 개정법령만을 빠르게! 한번에! 제공해 드립니다.

| 에듀윌 도서몰 접속
(book.eduwill.net) | ▶ | 우측 정오표
아이콘 클릭 | ▶ | 카테고리 공인중개사
설정 후 교재 검색 |

개정법령
확인하기

2025
에듀윌 공인중개사

오시훈 필살키

최종이론&마무리100선
부동산공법

합격의
문을 여는
마지막
열쇠

eduwill

우공이산(愚公移山)

남이 보기에는 어리석어 보이는 일이라도
한 가지 일을 끊임없이 노력하면 이룰 수 있다.

약력
- 現 에듀윌 부동산공법 전임 교수
- 現 경기도 농어촌시설 평가위원
- 現 대한전문건설협회 시험출제위원
- 前 한국산업인력공단 시험검토위원
- 前 서울시 노후공동주택 안전진단위원

저서
에듀윌 공인중개사 부동산공법 기초입문서, 기본서, 키워드 암기장, 비교정리 체계도, 합격서, 단원별/회차별 기출문제집, 기출응용 예상문제집, 실전모의고사, 필살키 등 집필

오시훈T 인스타그램
(@ohsihoon119)

겁내지 마세요. 아무것도 시작하지 않았습니다.
기죽지 마세요. 끝난 것은 아무것도 없습니다.
걱정하지 마세요. 아무에게도 뒤처지지 않습니다.
슬퍼하지 마세요. 이제부터가 시작입니다.
조급해하지 마세요. 멈추기엔 너무 이릅니다.

어디로 가고 있는지 목표만 있다면
그리고 바른길로 들어섰다는 확신만 있다면
남들이 뛰어가든 날아가든 상관하지 말고,
한 발 한 발 앞으로 나아가시면 됩니다.
중요한 것은 어느 때 시작했느냐가 아니라 시작한 일을 끝까지 했느냐입니다.

목표를 정해서 계획을 세워 실행에 옮기면
합격이라는 열매는 반드시 실현되는 것입니다.

자신이 원하는 어떤 큰 목표를
자신의 힘으로 달성했다는 데서 오는 커다란 자신감은
우리가 이 세상을 헤쳐 나가는 아주 큰 선물이 될 것이라고 확신합니다.
고생하셨습니다.

저 오시훈은 _____ 님이
올해 공인중개사의 꿈을 꼭 이루시기를 간절히 기도합니다.

오시훈

필살키 구성 및 특장점

더 간결하게 핵심만 모은 **최종이론**

🔗 **연계학습**
이론 관련 마무리 100선
문제를 바로 확인

방대한 공법의 체계와 흐름을 파악할 수 있는
공법 체계도 수록

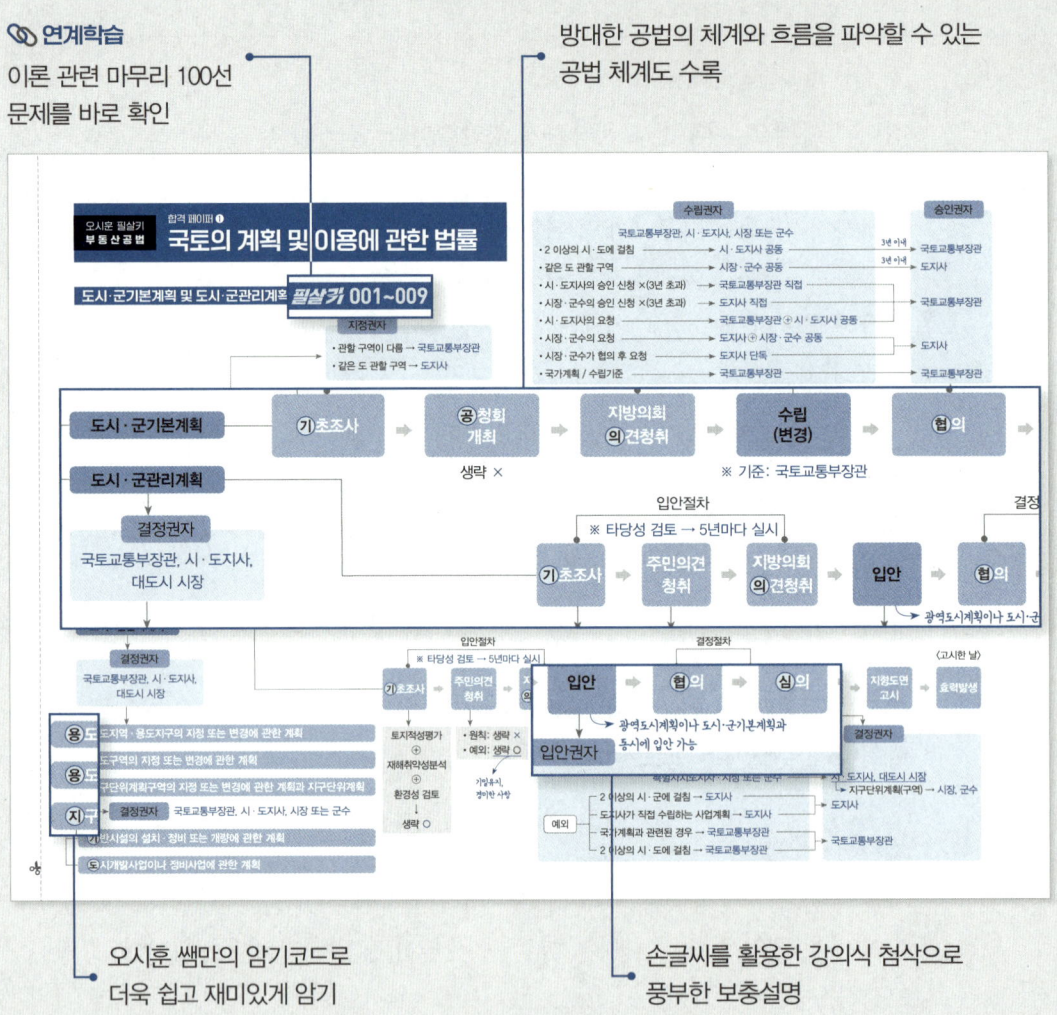

오시훈 쌤만의 암기코드로
더욱 쉽고 재미있게 암기

손글씨를 활용한 강의식 첨삭으로
풍부한 보충설명

✅ 필살키만의 3가지 특장점

필 수이론만 담았다!

복잡한 머릿속을 단기간에 정리할 수 있도록 방대한 이론을 요약하고 또 요약했습니다.

살 을 덧붙이는 연계학습 구성!

필살키 문제에 [2025 에듀윌 오시훈 합격서]의 페이지를 표기하여 더 상세한 이론을 신속히 확인할 수 있습니다.

키 (기)적의 마무리 100선!

올해 가장 출제가 유력해 보이는 문제만을 수록하여 합격을 위한 마지막 마무리를 할 수 있습니다.

꼭 필요한 문제만 담은 **마무리 100선 & 필수지문**

- 최근 출제경향을 분석하여 꼭 필요한 문제만 수록
- 🔗 연계학습 합격서 연계 페이지 표기
- 필수 지문으로 시험 직전 최종점검
- 🔗 연계학습 필수지문 관련 마무리 100선 문제를 바로 확인

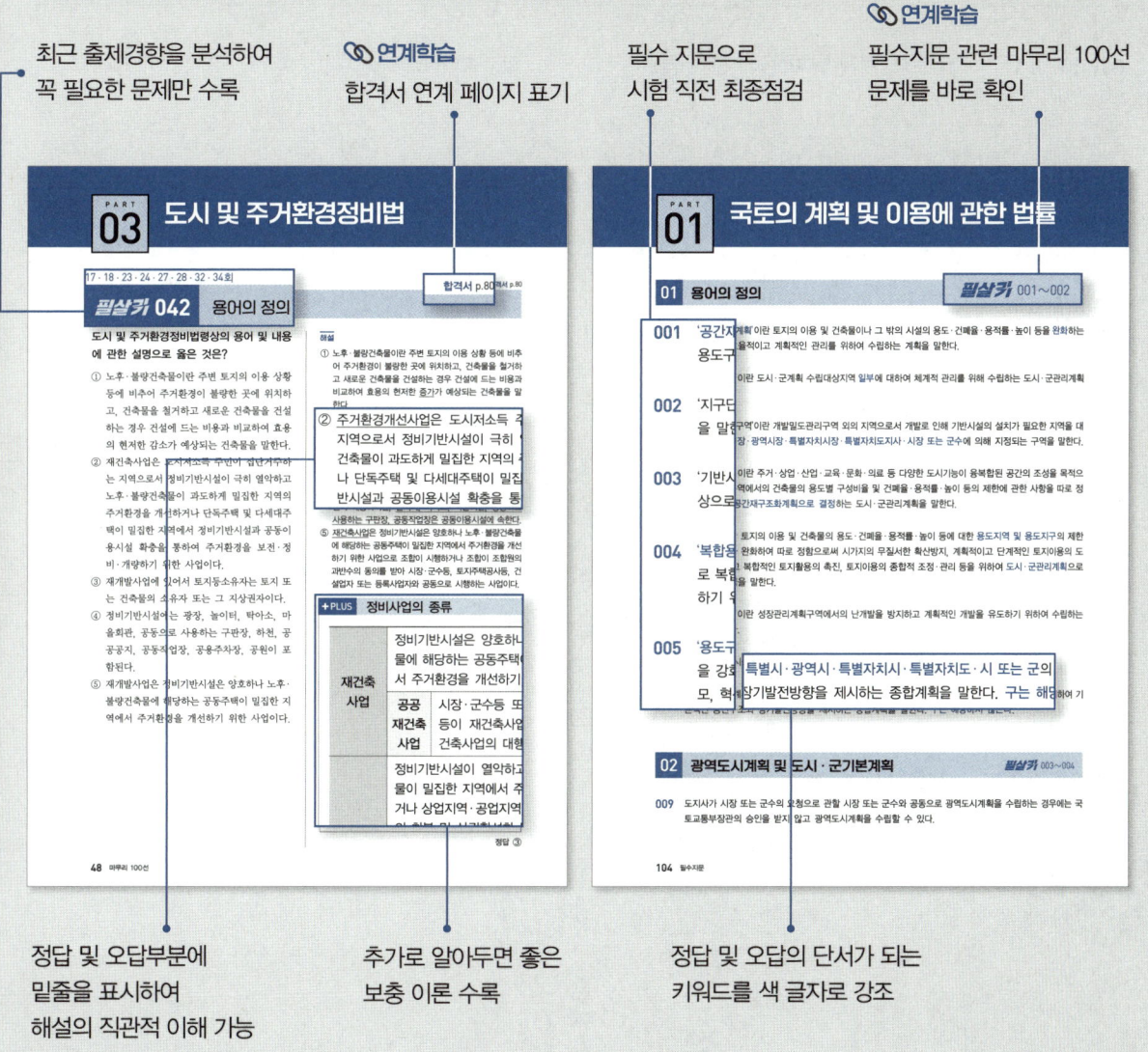

- 정답 및 오답부분에 밑줄을 표시하여 해설의 직관적 이해 가능
- 추가로 알아두면 좋은 보충 이론 수록
- 정답 및 오답의 단서가 되는 키워드를 색 글자로 강조

☑ 합격자들의 3가지 필살키 활용 TIP

TIP 1 단권화
필살키 교재를 최종 요약집으로 만들고 다회독하였어요!
— 합격자 장**

TIP 2 다회독
마무리 100선을 3번 이상 반복 학습한 것이 제 합격의 비결입니다!
— 합격자 나**

TIP 3 정답 키워드 찾기
정답 및 오답 키워드를 찾는 연습을 반복했더니 답이 보이기 시작했어요~
— 합격자 김**

필살키 차례

		합격 최종이론	마무리 100선	필수지문
PART 01	국토의 계획 및 이용에 관한 법률	합격 페이퍼 ①	10	104
PART 02	도시개발법	합격 페이퍼 ②	34	113
PART 03	도시 및 주거환경정비법	합격 페이퍼 ③	48	118
PART 04	건축법	합격 페이퍼 ④	61	124
PART 05	주택법	합격 페이퍼 ⑤	77	130
PART 06	농지법	합격 페이퍼 ⑥	94	135
PART 07	계산문제	-	99	-

필살키 200% 활용법!

에듀윌 공인중개사 홈페이지(land.eduwill.net)에서 필살키를 교재로 활용하는 강의를 함께 수강해보세요!

마무리
100선

PART 01 국토의 계획 및 이용에 관한 법률

신유형 출제예상 합격서 p.12

필살키 001 용어의 정의(1)

국토의 계획 및 이용에 관한 법령상 용어에 관한 설명으로 옳은 것은?

① '공간재구조화계획'이란 토지의 이용 및 건축물이나 그 밖의 시설의 용도·건폐율·용적률·높이 등을 강화하는 용도구역의 효율적이고 계획적인 관리를 위하여 수립하는 계획을 말한다.
② '복합용도계획'이란 창의적이고 혁신적인 도시공간의 개발을 목적으로 복합용도구역에서의 토지의 이용 및 건축물의 용도·건폐율·용적률·높이 등의 제한에 관한 사항을 따로 정하기 위하여 공간재구조화계획으로 결정하는 도시·군관리계획을 말한다.
③ '기반시설'이란 전기·가스·수도 등의 공급설비, 통신시설, 하수도시설 등 지하매설물을 공동 수용함으로써 미관의 개선, 도로구조의 보전 및 교통의 원활한 소통을 위하여 지하에 설치하는 시설물을 말한다.
④ '도시혁신계획'이란 주거·상업·산업·교육·문화·의료 등 다양한 도시기능이 융복합된 공간의 조성을 목적으로 도시혁신구역에서의 건축물의 용도별 구성비율 및 건폐율·용적률·높이 등의 제한에 관한 사항을 따로 정하기 위하여 공간재구조화계획으로 결정하는 도시·군관리계획을 말한다.
⑤ '공공시설'이란 도로·공원·철도·수도, 그 밖에 대통령령으로 정하는 공공용 시설을 말한다.

해설

① '공간재구조화계획'이란 토지의 이용 및 건축물이나 그 밖의 시설의 용도·건폐율·용적률·높이 등을 완화하는 용도구역의 효율적이고 계획적인 관리를 위하여 수립하는 계획을 말한다.
② '도시혁신계획'이란 창의적이고 혁신적인 도시공간의 개발을 목적으로 도시혁신구역에서의 토지의 이용 및 건축물의 용도·건폐율·용적률·높이 등의 제한에 관한 사항을 따로 정하기 위하여 공간재구조화계획으로 결정하는 도시·군관리계획을 말한다.
③ '공동구'란 전기·가스·수도 등의 공급설비, 통신시설, 하수도시설 등 지하매설물을 공동 수용함으로써 미관의 개선, 도로구조의 보전 및 교통의 원활한 소통을 위하여 지하에 설치하는 시설물을 말한다.
④ '복합용도계획'이란 주거·상업·산업·교육·문화·의료 등 다양한 도시기능이 융복합된 공간의 조성을 목적으로 복합용도구역에서의 건축물의 용도별 구성비율 및 건폐율·용적률·높이 등의 제한에 관한 사항을 따로 정하기 위하여 공간재구조화계획으로 결정하는 도시·군관리계획을 말한다.

정답 ⑤

필살키 002 용어의 정의(2)

국토의 계획 및 이용에 관한 법령상 용어에 관한 설명으로 옳은 것은?

① '지구단위계획'이란 도시·군계획 수립 대상지역의 전부에 대하여 토지 이용을 합리화하고 그 기능을 증진시키며 미관을 개선하고 양호한 환경을 확보하며, 그 지역을 체계적·계획적으로 관리하기 위하여 수립하는 도시·군관리계획을 말한다.
② '성장관리계획'이란 성장관리계획구역에서의 난개발을 방지하고 계획적인 개발을 유도하기 위하여 수립하는 도시·군관리계획을 말한다.
③ '도시·군계획시설사업'이란 기반시설을 설치·정비 또는 개량하는 사업을 말한다.
④ '기반시설부담구역'이란 개발밀도관리구역 외의 지역으로서 개발로 인하여 기반시설의 설치가 필요한 지역을 대상으로 시장·군수 또는 구청장에 의해 지정되는 구역을 말한다.
⑤ '용도구역'이란 토지의 이용 및 건축물의 용도·건폐율·용적률·높이 등에 대한 용도지역 및 용도지구의 제한을 강화하거나 완화하여 따로 정함으로써 시가지의 무질서한 확산방지, 계획적이고 단계적인 토지이용의 도모, 혁신적이고 복합적인 토지활용의 촉진, 토지이용의 종합적 조정·관리 등을 위하여 도시·군관리계획으로 결정하는 지역을 말한다.

해설

① '지구단위계획'이란 도시·군계획 수립 대상지역의 일부에 대하여 토지 이용을 합리화하고 그 기능을 증진시키며 미관을 개선하고 양호한 환경을 확보하며, 그 지역을 체계적·계획적으로 관리하기 위하여 수립하는 도시·군관리계획을 말한다.
② '성장관리계획'이란 성장관리계획구역에서의 난개발을 방지하고 계획적인 개발을 유도하기 위하여 수립하는 계획을 말한다.
③ '도시·군계획시설사업'이란 도시·군계획시설을 설치·정비 또는 개량하는 사업을 말한다.
④ '기반시설부담구역'이란 개발밀도관리구역 외의 지역으로서 개발로 인하여 기반시설의 설치가 필요한 지역을 대상으로 특별시장·광역시장·특별자치시장·특별자치도지사·시장 또는 군수에 의해 지정되는 구역을 말한다.

+PLUS 국토의 계획 및 이용에 관한 법령상 용어

구분	내용
광역도시계획	광역계획권의 장기발전방향을 제시하는 계획을 말한다.
도시·군계획	특별시·광역시·특별자치시·특별자치도·시 또는 군(광역시의 관할 구역에 있는 군은 제외)의 관할 구역에 대하여 수립하는 공간구조와 발전방향에 대한 계획으로서 도시·군기본계획과 도시·군관리계획으로 구분한다.
도시·군기본계획	특별시·광역시·특별자치시·특별자치도·시 또는 군의 관할 구역 및 생활권에 대하여 기본적인 공간구조와 장기발전방향을 제시하는 종합계획으로서 도시·군관리계획 수립의 지침이 되는 계획을 말한다.
용도구역	토지의 이용 및 건축물의 용도·건폐율·용적률·높이 등에 대한 용도지역 및 용도지구의 제한을 강화하거나 완화하여 따로 정함으로써 시가지의 무질서한 확산방지, 계획적이고 단계적인 토지이용의 도모, 혁신적이고 복합적인 토지활용의 촉진, 토지이용의 종합적 조정·관리 등을 위하여 도시·군관리계획으로 결정하는 지역을 말한다.
도시·군계획시설	기반시설 중 도시·군관리계획으로 결정된 시설을 말한다.

정답 ⑤

필살키 003 광역도시계획

국토의 계획 및 이용에 관한 법령상 광역도시계획에 관한 설명으로 옳은 것은?

① 중앙행정기관의 장, 시·도지사, 시장 또는 군수는 국토교통부장관이나 도지사에게 광역계획권의 변경을 요청할 수 있다.
② 국토교통부장관이 광역계획권을 지정하려면 관계 시·도지사, 시장 또는 군수의 의견을 들은 후 지방도시계획위원회의 심의를 거쳐야 한다.
③ 시장 또는 군수가 광역도시계획을 수립하거나 변경하려면 국토교통부장관의 승인을 받아야 한다.
④ 도지사가 시장 또는 군수의 요청으로 관할 시장 또는 군수와 공동으로 광역도시계획을 수립하는 경우에는 국토교통부장관의 승인을 받아 광역도시계획을 수립하여야 한다.
⑤ 광역계획권이 둘 이상의 시·도의 관할 구역에 걸쳐 있는 경우에는 관할 시·도지사가 공동으로 광역계획권을 지정하여야 한다.

해설

② 국토교통부장관이 광역계획권을 지정하려면 관계 시·도지사, 시장 또는 군수의 의견을 들은 후 <u>중앙도시계획위원회</u>의 심의를 거쳐야 한다.
③ 시장 또는 군수는 광역도시계획을 수립하거나 변경하려면 <u>도지사의</u> 승인을 받아야 한다.
④ 도지사가 시장 또는 군수의 요청으로 관할 시장 또는 군수와 공동으로 광역도시계획을 수립하는 경우에는 국토교통부장관의 승인을 <u>받지 않고 광역도시계획을 수립할 수 있다.</u>
⑤ 광역계획권이 둘 이상의 시·도의 관할 구역에 걸쳐 있는 경우에는 <u>국토교통부장관이</u> 지정하게 된다.

+PLUS 광역계획권 지정권자와 수립권자

1. 광역계획권 지정권자

국토교통부장관	광역계획권이 둘 이상의 특별시·광역시·특별자치시 또는 특별자치도('시·도')의 관할 구역에 걸쳐 있는 경우
도지사	광역계획권이 같은 도의 관할 구역에 속하여 있는 경우

2. 광역계획권 수립권자
   ① 원칙적 수립권자: 국토교통부장관, 시·도지사, 시장 또는 군수

수립권자	내용
관할 시장 또는 군수가 공동수립	광역계획권이 같은 도의 관할 구역에 속하여 있는 경우
관할 시·도지사가 공동수립	광역계획권이 둘 이상의 시·도의 관할 구역에 걸쳐 있는 경우
관할 도지사가 수립	광역계획권을 지정한 날부터 3년이 지날 때까지 관할 시장 또는 군수로부터 광역도시계획의 승인 신청이 없는 경우
국토교통부장관이 수립	㉠ 국가계획과 관련된 광역도시계획의 수립이 필요한 경우 ㉡ 광역계획권을 지정한 날부터 3년이 지날 때까지 관할 시·도지사로부터 광역도시계획에 대하여 승인 신청이 없는 경우

   ② 예외적 수립권자
   ㉠ 국토교통부장관은 시·도지사가 요청하는 경우와 그 밖에 필요하다고 인정되는 경우에는 관할 시·도지사와 공동으로 광역도시계획을 수립할 수 있다.
   ㉡ 도지사는 시장 또는 군수가 요청하는 경우와 그 밖에 필요하다고 인정하는 경우에는 관할 시장 또는 군수와 공동으로 광역도시계획을 수립할 수 있고, 시장 또는 군수가 협의를 거쳐 요청하는 경우에는 단독으로 광역도시계획을 수립할 수 있다.

정답 ①

필살키 004 도시·군기본계획

국토의 계획 및 이용에 관한 법령상 도시·군기본계획에 관한 설명으로 옳은 것은?

① 특별시장·광역시장이 수립 또는 변경한 도시·군기본계획의 승인은 국토교통부장관이 하고, 시장·군수가 수립한 도시·군기본계획의 승인은 도지사가 한다.
② 시장·군수·구청장은 관할 구역에 대해서 도시·군기본계획을 수립하여야 하며, 인접한 시 또는 군의 관할 구역을 포함하여 계획을 수립할 수 있다.
③ 도시·군기본계획의 수립 및 변경 시 미리 공청회를 열어 주민의 의견을 들어야 하나 관계 전문가로부터 의견을 들을 필요는 없다.
④ 이해관계자를 포함한 주민은 지구단위계획구역의 지정 및 변경에 관한 사항에 대하여 도시·군기본계획의 입안을 제안할 수 있다.
⑤ 도시·군기본계획은 도시·군관리계획 수립의 지침이 된다.

해설

① 특별시장·광역시장이 수립한 도시·군기본계획은 승인받지 않고 특별시장·광역시장이 스스로 확정한다.
② 특별시장·광역시장·특별자치시장·특별자치도지사·시장 또는 군수는 관할 구역에 대해서 도시·군기본계획을 수립하여야 하며, 인접한 시 또는 군의 관할 구역을 포함하여 계획을 수립할 수 있다.
③ 도시·군기본계획의 수립 시 주민의 의견을 들어야 하고 관계 전문가의 의견도 들어야 한다.
④ 이해관계자를 포함한 주민은 지구단위계획구역의 지정 및 변경에 관한 사항에 대하여 도시·군관리계획의 입안을 제안할 수 있다.

+PLUS 도시·군기본계획의 수립권자와 대상지역

원칙	특별시장·광역시장·특별자치시장·특별자치도지사·시장 또는 군수는 관할 구역에 대하여 도시·군기본계획을 수립하여야 한다.
예외	시 또는 군의 위치, 인구의 규모, 인구감소율 등을 고려하여 다음의 시 또는 군은 도시·군기본계획을 수립하지 아니할 수 있다. ① 「수도권정비계획법」의 규정에 의한 수도권에 속하지 아니하고 광역시와 경계를 같이하지 아니한 시 또는 군으로서 인구 10만명 이하인 시 또는 군 ② 관할 구역 전부에 대하여 광역도시계획이 수립되어 있는 시 또는 군으로서 당해 광역도시계획에 도시·군기본계획의 내용이 모두 포함되어 있는 시 또는 군

정답 ⑤

신유형 출제예상

필살귀 005 공간재구조화계획(1)

국토의 계획 및 이용에 관한 법령상 공간재구조화계획에 관한 설명으로 옳은 것은?

① 특별시장·광역시장·특별자치시장·특별자치도지사·시장 또는 군수는 도시혁신구역, 복합용도구역을 지정하고 해당 용도구역에 대한 계획을 수립하기 위하여 공간재구조화계획을 입안하여야 한다.
② 시·도지사는 도시의 경쟁력 향상, 특화발전 및 지역균형발전 등을 위하여 필요한 때에는 관할 특별시장·광역시장·특별자치시장·특별자치도지사·시장 또는 군수의 요청에 따라 공간재구조화계획을 입안할 수 있다.
③ 공간재구조화계획의 입안범위와 기준, 공간재구조화계획도서 및 계획설명서의 작성기준·작성방법 등은 대통령령으로 정한다.
④ 공간재구조화계획은 시장·군수의 신청에 따라 결정하며 시·도지사가 직접 결정할 수 없다. 다만, 국토교통부장관이 입안한 공간재구조화계획은 국토교통부장관이 결정한다.
⑤ 공간재구조화계획 결정의 효력은 지형도면을 고시한 다음 날부터 발생한다.

해설

② 국토교통부장관은 도시의 경쟁력 향상, 특화발전 및 지역균형발전 등을 위하여 필요한 때에는 관할 특별시장·광역시장·특별자치시장·특별자치도지사·시장 또는 군수의 요청에 따라 공간재구조화계획을 입안할 수 있다.
③ 공간재구조화계획의 입안범위와 기준, 공간재구조화계획도서 및 계획설명서의 작성기준·작성방법 등은 국토교통부장관이 정한다.
④ 공간재구조화계획은 시·도지사가 직접 또는 시장·군수의 신청에 따라 결정한다. 다만, 국토교통부장관이 입안한 공간재구조화계획은 국토교통부장관이 결정한다.
⑤ 공간재구조화계획 결정의 효력은 지형도면을 고시한 날부터 발생한다.

정답 ①

MEMO

필살키 006 공간재구조화계획(2)

국토의 계획 및 이용에 관한 법령상 공간재구조화계획에 관한 설명으로 옳은 것은?

① 주민(이해관계자를 포함)은 도시혁신구역 또는 복합용도구역 지정을 위하여 공간재구조화계획 입안권자에게 공간재구조화계획의 입안을 제안할 수 없다.
② 공간재구조화계획 입안권자가 제안서 내용의 채택 여부 등을 결정한 경우에는 그 결과를 제안자에게 알려야 하지만, 제3자에게 알려서는 안 된다.
③ 공간재구조화계획 입안권자는 제안자 또는 제3자와 협의하여 제안된 공간재구조화계획의 입안 및 결정에 필요한 비용의 전부 또는 일부를 제안자 또는 제3자에게 부담시킬 수 없다.
④ 국토교통부장관 또는 시·도지사가 공간재구조화계획을 결정하려면 미리 관계 행정기관의 장과 협의하고 중앙도시계획위원회 또는 지방도시계획위원회의 심의를 거쳐야 한다. 이 경우 협의 요청을 받은 기관의 장은 특별한 사유가 없으면 그 요청을 받은 날부터 15일(도시혁신구역 지정을 위한 공간재구조화계획 결정의 경우에는 근무일 기준으로 10일) 이내에 의견을 제시하여야 한다.
⑤ 지형도면을 고시한 경우에 해당 구역 지정 및 계획 수립에 필요한 내용에 대해서는 고시한 내용에 따라 도시·군기본계획의 수립·변경과 도시·군관리계획의 결정 고시를 한 것으로 본다.

해설

① 주민(이해관계자를 포함)은 도시혁신구역 또는 복합용도구역 지정을 위하여 공간재구조화계획 입안권자에게 공간재구조화계획의 입안을 제안할 수 있다.
② 공간재구조화계획 입안권자가 제안서 내용의 채택 여부 등을 결정한 경우에는 그 결과를 제안자와 제3자에게 알려야 한다.
③ 공간재구조화계획 입안권자는 제안자 또는 제3자와 협의하여 제안된 공간재구조화계획의 입안 및 결정에 필요한 비용의 전부 또는 일부를 제안자 또는 제3자에게 부담시킬 수 있다.
④ 국토교통부장관 또는 시·도지사가 공간재구조화계획을 결정하려면 미리 관계 행정기관의 장(국토교통부장관을 포함)과 협의하고 중앙도시계획위원회 또는 지방도시계획위원회의 심의를 거쳐야 한다. 이 경우 협의 요청을 받은 기관의 장은 특별한 사유가 없으면 그 요청을 받은 날부터 30일(도시혁신구역 지정을 위한 공간재구조화계획 결정의 경우에는 근무일 기준으로 10일) 이내에 의견을 제시하여야 한다.

정답 ⑤

필살기 007 — 도시·군관리계획 입안의 제안

국토의 계획 및 이용에 관한 법령상 주민이 도시·군관리계획의 입안을 제안하는 경우에 관한 설명으로 옳은 것은?

① 도시·군관리계획의 입안을 제안받은 자는 제안자와 협의하여 제안된 도시·군관리계획의 입안 및 결정에 필요한 비용의 전부를 제안자에게 부담시켜야 한다.

② 도시·군관리계획의 입안을 제안받은 입안권자는 부득이한 사정이 있는 경우를 제외하고는 제안일부터 30일 이내에 그 제안의 반영 여부를 제안자에게 통보하여야 한다.

③ 주민은 도시·군계획시설입체복합구역의 지정 및 변경과 도시·군계획시설입체복합구역의 건축제한·건폐율·용적률·높이 등에 관한 사항에 대하여 도시·군관리계획을 입안할 수 있는 자에게 도시·군관리계획의 입안을 제안할 수 있다.

④ 주민은 제안서에 도시·군관리계획도서뿐만 아니라 계획설명서를 첨부해도 기반시설의 설치에 관한 도시·군관리계획의 입안을 제안할 수 없다.

⑤ 도시·군관리계획의 입안을 제안하려는 자가 토지소유자의 동의를 받아야 하는 경우 국·공유지는 동의 대상 토지면적에 포함된다.

해설

① 도시·군관리계획의 입안을 제안받은 자는 제안자와 협의하여 제안된 도시·군관리계획의 입안 및 결정에 필요한 비용의 전부 또는 일부를 제안자에게 부담시킬 수 있다.

② 도시·군관리계획의 입안 제안을 받은 자는 제안일로부터 45일 이내에 도시·군관리계획입안에의 반영 여부를 제안자에게 통보하여야 한다. 다만, 부득이한 사정이 있는 경우에는 1회에 한하여 30일을 연장할 수 있다.

④ 주민은 제안서에 도시·군관리계획도서뿐만 아니라 계획설명서를 첨부하여 기반시설의 설치에 관한 도시·군관리계획의 입안을 제안할 수 있다.

⑤ 도시·군관리계획의 입안을 제안하려는 자가 토지소유자의 동의를 받아야 하는 경우 국·공유지는 동의 대상 토지면적에서 제외된다.

정답 ③

필살키 008 도시·군관리계획의 수립절차

국토의 계획 및 이용에 관한 법령상 도시·군관리계획의 수립절차 등에 관한 설명으로 옳은 것은?

① 국가계획과 연계하여 시가화조정구역의 지정이 필요한 경우 시·도지사가 직접 그 지정을 도시·군관리계획으로 결정할 수 있다.
② 입안권자가 용도지역·용도지구 또는 용도구역의 지정에 관한 도시·군관리계획을 입안하려면 해당 지방의회의 의견을 생략할 수 있다.
③ 도시·군관리계획의 원칙적인 입안권자는 특별시장·광역시장·특별자치시장·특별자치도지사·시장 또는 군수(광역시의 군수도 포함)이다.
④ 입안권자는 도시·군관리계획을 입안할 때에는 주민의 의견을 들어야 하며, 그 의견이 타당하다고 인정되면 도시·군관리계획안에 반영하여야 한다.
⑤ 도시지역의 축소에 따른 용도지역의 변경을 내용으로 하는 도시·군관리계획을 입안하는 경우에는 주민 및 지방의회의 의견청취 절차를 생략할 수 없다.

해설

① 국가계획과 연계하여 시가화조정구역의 지정이 필요한 경우 국토교통부장관이 직접 그 지정을 도시·군관리계획으로 결정할 수 있다.
② 입안권자가 용도지역·용도지구 또는 용도구역의 지정에 관한 도시·군관리계획을 입안하려면 해당 지방의회의 의견을 들어야 한다.
③ 도시·군관리계획의 원칙적인 입안권자는 특별시장·광역시장·특별자치시장·특별자치도지사·시장 또는 군수(광역시의 군수는 제외)이다.
⑤ 도시지역의 축소에 따른 용도지역의 변경을 내용으로 하는 도시·군관리계획을 입안하는 경우에는 주민 및 지방의회의 의견청취 절차를 생략할 수 있다.

정답 ④

필살키 009 도시·군관리계획

국토의 계획 및 이용에 관한 법령상 도시·군관리계획에 관한 설명으로 옳은 것은?

① 도시·군관리계획이 도시·군기본계획과 함께 입안될 수는 없다.
② 시·도지사는 5년마다 관할 구역의 도시·군관리계획에 대하여 그 타당성 여부를 전반적으로 재검토하여 이를 정비하여야 한다.
③ 시가화조정구역의 지정에 관한 도시·군관리계획 결정 당시 이미 사업에 착수한 자는 그 도시·군관리계획 결정에 관계없이 그 사업을 계속할 수 있다.
④ 광역도시계획이 수립되어 있는 시·군에서는 도시·군관리계획을 입안하지 아니할 수 있다.
⑤ 수산자원보호구역의 지정에 관한 도시·군관리계획은 해양수산부장관이 결정한다.

+PLUS 도시·군관리계획 결정권자

1. 원칙: 시·도지사, 대도시 시장, 시장 또는 군수
   ① 도시·군관리계획은 시·도지사가 직접 또는 시장·군수의 신청에 따라 결정한다.
   ② 「지방자치법」에 따른 서울특별시와 광역시 및 특별자치시를 제외한 인구 50만명 이상의 대도시의 경우에는 대도시 시장이 직접 결정하고, 다음의 도시·군관리계획은 시장 또는 군수가 직접 결정한다.
      ㉠ 시장 또는 군수가 입안한 지구단위계획구역의 지정·변경과 지구단위계획의 수립·변경에 관한 도시·군관리계획
      ㉡ 지구단위계획으로 대체하는 용도지구 폐지에 관한 도시·군관리계획[해당 시장(대도시 시장은 제외) 또는 군수가 도지사와 미리 협의한 경우에 한정한다]
2. 예외: 국토교통부장관(단, ④의 경우 해양수산부장관)
   ① 국토교통부장관이 입안한 도시·군관리계획
   ② 개발제한구역의 지정 및 변경에 관한 도시·군관리계획
   ③ 국가계획과 연계하여 시가화조정구역의 지정 또는 변경이 필요한 경우에 따른 시가화조정구역의 지정 및 변경에 관한 도시·군관리계획
   ④ 수산자원보호구역의 지정 및 변경에 관한 도시·군관리계획

해설
① 국토교통부장관, 시·도지사, 시장 또는 군수는 도시·군관리계획을 조속히 입안하여야 할 필요가 있다고 인정되면 광역도시계획 또는 도시·군기본계획을 수립할 때에 도시·군관리계획을 함께 입안할 수 있다.
② 특별시장·광역시장·특별자치시장·특별자치도지사·시장 또는 군수는 5년마다 관할 구역의 도시·군관리계획에 대하여 그 타당성 여부를 전반적으로 재검토하여 이를 정비하여야 한다.
③ 도시·군관리계획의 결정·고시 당시 이미 사업이나 공사에 착수한 자는 그 도시·군관리계획 결정에 관계없이 그 사업이나 공사를 계속할 수 있다. 다만, 수산자원보호구역이나 시가화조정구역의 지정에 관한 도시·군관리계획 결정 당시 이미 사업 또는 공사에 착수한 자는 해당 도시·군관리계획 결정의 고시일부터 3월 이내에 그 사업 또는 공사의 내용을 관할 특별시장·광역시장·특별자치시장·특별자치도지사·시장 또는 군수에게 신고하고 그 사업이나 공사를 계속할 수 있다.
④ 관할 구역 전부에 대하여 광역도시계획이 수립되어 있는 시 또는 군으로서 당해 광역도시계획에 도시·군기본계획의 내용이 모두 포함된 시 또는 군은 도시·군기본계획을 수립하지 아니할 수 있지만, 도시·군관리계획은 입안한다.

정답 ⑤

필살키 010 용도지역(1)

국토의 계획 및 이용에 관한 법령상 용도지역에 관한 설명으로 옳은 것은?

① 용도지역은 중복되게 지정할 수 있으나 용도지구는 중복되게 지정할 수 없다.
② 저층주택 중심의 편리한 주거환경을 조성하기 위하여 필요한 지역은 제2종 전용주거지역으로 지정한다.
③ 관리지역 안의 산림 중 「산지관리법」에 따라 보전산지로 지정·고시된 지역은 그 고시에서 구분하는 바에 따라 「국토의 계획 및 이용에 관한 법률」에 따른 농림지역 또는 보전녹지지역으로 결정·고시된 것으로 본다.
④ 관리지역 안에서 「농지법」에 따른 농업진흥지역으로 지정·고시된 지역은 「국토의 계획 및 이용에 관한 법률」에 따른 자연환경보전지역으로 결정·고시된 것으로 본다.
⑤ 관리지역이 세부 용도지역으로 지정되지 아니한 경우 용적률에 대하여는 보전관리지역에 관한 규정을 적용한다.

해설

① 용도지역은 중복되게 지정할 수 없으나 용도지구는 중복되게 지정할 수 있다.
② 저층주택 중심의 편리한 주거환경을 조성하기 위하여 필요한 지역은 제1종 일반주거지역으로 지정한다.
③ 관리지역 안의 산림 중 「산지관리법」에 따라 보전산지로 지정·고시된 지역은 그 고시에서 구분하는 바에 따라 「국토의 계획 및 이용에 관한 법률」에 따른 농림지역 또는 자연환경보전지역으로 결정·고시된 것으로 본다.
④ 관리지역 안에서 「농지법」에 따른 농업진흥지역으로 지정·고시된 지역은 「국토의 계획 및 이용에 관한 법률」에 따른 농림지역으로 본다.

정답 ⑤

필살키 011 용도지역(2)

국토의 계획 및 이용에 관한 법령상 용도지역에 관한 설명으로 옳은 것은?

① 국토의 계획 및 이용에 관한 법령상 아파트를 건축할 수 있는 용도지역은 제1종 전용주거지역, 제1종 일반주거지역, 유통상업지역, 준주거지역, 일반공업지역, 계획관리지역, 제2종 전용주거지역이다.
② 자연환경보전지역은 자연환경·농지 및 산림의 보호, 보건위생, 보안과 도시의 무질서한 확산을 방지하기 위하여 녹지의 보전이 필요한 지역을 말한다.
③ 도시지역·관리지역·농림지역 또는 자연환경보전지역으로 용도가 지정되지 아니한 지역에 대하여는 건폐율 규정을 적용함에 있어서 자연환경보전지역에 관한 규정을 적용한다.
④ 국토의 계획 및 이용에 관한 법령상 또는 도시·군계획조례에 의하여도 일반음식점(건축법령상 용도별 구분에 의함)의 건축을 허용할 수 없는 용도지역은 제2종 전용주거지역, 제1종 일반주거지역, 자연녹지지역, 계획관리지역, 전용공업지역이다.
⑤ 국토교통부장관, 시·도지사 또는 대도시 시장은 대통령령으로 정하는 바에 따라 용도지역을 도시·군관리계획결정으로 다시 세분하여 지정하거나 변경할 수 없다.

해설

① 아파트는 제1종 전용주거지역, 제1종 일반주거지역, 유통상업지역, 전용공업지역, 자연환경보전지역, 일반공업지역, 녹지지역, 관리지역, 농림지역에서는 건축할 수 없다.
② 녹지지역은 자연환경·농지 및 산림의 보호, 보건위생, 보안과 도시의 무질서한 확산을 방지하기 위하여 녹지의 보전이 필요한 지역을 말한다.
④ 국토의 계획 및 이용에 관한 법령상 또는 도시·군계획조례에 의하여도 일반음식점(건축법령상 용도별 구분에 의함)의 건축을 허용할 수 없는 용도지역은 제1종 전용주거지역과 제2종 전용주거지역이고, 제1종 일반주거지역, 자연녹지지역, 계획관리지역, 전용공업지역은 허용할 수 있다.
⑤ 국토교통부장관, 시·도지사 또는 대도시 시장은 대통령령으로 정하는 바에 따라 용도지역을 도시·군관리계획결정으로 다시 세분하여 지정하거나 변경할 수 있다.

정답 ③

필살키 012 공유수면매립지의 용도지역 지정

국토의 계획 및 이용에 관한 법령상 용도지역 및 공유수면(바다로 한정함)매립지의 용도지역 지정에 관한 설명으로 옳은 것은?

① 「어촌·어항법」 규정에 따른 어항구역으로서 관리지역에 연접한 공유수면으로 지정·고시된 지역은 「국토의 계획 및 이용에 관한 법률」에 따른 도시지역으로 결정·고시된 것으로 본다.
② 매립목적이 그 매립구역과 이웃하고 있는 용도지역의 내용과 같은 경우 도시·군관리계획의 입안 및 결정 절차 없이 그 매립준공구역은 그 매립의 준공인가일부터 이와 이웃하고 있는 용도지역으로 지정된 것으로 본다.
③ 매립구역이 둘 이상의 용도지역에 걸쳐 있는 경우 그 매립구역이 속할 용도지역은 걸친 부분의 면적이 가장 큰 용도지역과 같은 용도지역으로 지정된 것으로 본다.
④ 「전원개발촉진법」에 따른 수력발전소 또는 송·변전설비만을 설치하기 위한 전원개발사업구역 및 예정구역으로 지정·고시된 지역은 도시지역으로 결정·고시된 것으로 본다.
⑤ 「택지개발촉진법」에 따른 택지개발지구로 지정·고시되었다가 택지개발사업의 완료로 지구 지정이 해제되면 그 지역은 지구 지정 이전의 용도지역으로 환원된 것으로 본다.

해설

① 「어촌·어항법」 규정에 따른 어항구역으로서 도시지역에 연접한 공유수면으로 지정·고시된 지역은 「국토의 계획 및 이용에 관한 법률」에 따른 도시지역으로 결정·고시된 것으로 본다.
③ 매립구역이 둘 이상의 용도지역에 걸쳐 있는 경우 그 매립구역이 속할 용도지역은 도시·군관리계획 결정으로 지정하여야 한다.
④ 「전원개발촉진법」에 따른 전원개발사업구역 및 예정구역(수력발전소 또는 송·변전설비만을 설치하기 위한 전원개발사업구역 및 예정구역은 제외)으로 지정·고시된 지역은 도시지역으로 결정·고시된 것으로 본다.
⑤ 택지개발사업의 완료로 그 지구 지정이 해제되는 경우에는 과거의 용도지역으로 환원되지 아니한다.

+PLUS 도시지역 결정

다음의 어느 하나의 구역 등으로 지정·고시된 지역은 「국토의 계획 및 이용에 관한 법률」에 따른 도시지역으로 결정·고시된 것으로 본다.

1. 「항만법」에 따른 항만구역으로서 도시지역에 연접한 공유수면
2. 「어촌·어항법」에 따른 어항구역으로서 도시지역에 연접한 공유수면
3. 「산업입지 및 개발에 관한 법률」에 따른 국가산업단지, 일반산업단지 및 도시첨단산업단지(농공단지는 제외)
4. 「택지개발촉진법」에 따른 택지개발지구
5. 「전원개발촉진법」에 따른 전원개발사업구역 및 예정구역(수력발전소 또는 송·변전설비만을 설치하기 위한 전원개발사업구역 및 예정구역은 제외)

정답 ②

16 · 24 · 25 · 27회　　　합격서 p.27

필살키 013　건폐율의 최대한도

국토의 계획 및 이용에 관한 법령에서 정한 용도지역별 건폐율의 최대한도가 높은 지역부터 낮은 지역순으로 나열한 것은? (단, 조례는 고려하는 않음)

> ㉠ 일반상업지역
> ㉡ 근린상업지역
> ㉢ 제2종 일반주거지역
> ㉣ 제3종 일반주거지역
> ㉤ 제2종 전용주거지역
> ㉥ 제1종 일반주거지역
> ㉦ 준공업지역
> ㉧ 계획관리지역

① ㉠ - ㉡ - ㉢ - ㉣ - ㉧
② ㉠ - ㉡ - ㉣ - ㉢ - ㉦
③ ㉡ - ㉠ - ㉥ - ㉢ - ㉣
④ ㉢ - ㉣ - ㉠ - ㉡ - ㉧
⑤ ㉣ - ㉢ - ㉡ - ㉠ - ㉤

해설

㉠ 일반상업지역(80%) > ㉡ 근린상업지역(70%) = ㉦ 준공업지역(70%) > ㉢ 제2종 일반주거지역(60%) = ㉥ 제1종 일반주거지역(60%) > ㉣ 제3종 일반주거지역(50%) = ㉤ 제2종 전용주거지역(50%) > ㉧ 계획관리지역(40%)

정답 ①

필살키 014 용도지구

국토의 계획 및 이용에 관한 법령상 용도지구에 관한 설명으로 옳은 것은?

① 개발제한구역 안에서만 지정할 수 있는 용도지구: 집단취락지구, 생태계보호지구, 특정용도제한지구
② 특정용도제한지구: 주거 및 교육환경 보호나 청소년 보호 등의 목적으로 오염물질 배출시설, 청소년 유해시설 등 특정시설의 입지를 제한할 필요가 있는 지구
③ 산업·유통개발진흥지구: 관광·휴양기능을 중심으로 개발·정비할 필요가 있는 지구
④ 집단취락지구: 녹지지역·관리지역·농림지역 또는 자연환경보전지역 안의 취락을 정비하기 위하여 필요한 지구
⑤ 자연경관지구: 지역 내 주거지, 중심지 등 시가지의 경관을 보호 또는 유지하거나 형성하기 위하여 필요한 지구

해설

① 개발제한구역 안에서만 지정할 수 있는 용도지구: 집단취락지구
③ 관광·휴양개발진흥지구: 관광·휴양기능을 중심으로 개발·정비할 필요가 있는 지구
④ 자연취락지구: 녹지지역·관리지역·농림지역 또는 자연환경보전지역 안의 취락을 정비하기 위하여 필요한 지구
⑤ 시가지경관지구: 지역 내 주거지, 중심지 등 시가지의 경관을 보호 또는 유지하거나 형성하기 위하여 필요한 지구

+PLUS 용도지구의 분류

경관지구	경관의 보전·관리 및 형성을 위하여 필요한 지구
고도지구	쾌적한 환경 조성 및 토지의 효율적 이용을 위하여 건축물 높이의 최고한도를 규제할 필요가 있는 지구
방화지구	화재의 위험을 예방하기 위하여 필요한 지구
방재지구	풍수해, 산사태, 지반의 붕괴, 그 밖의 재해를 예방하기 위하여 필요한 지구
보호지구	「국가유산기본법」에 따른 국가유산, 중요 시설물(항만, 공항 등 대통령령으로 정하는 시설물을 말한다) 및 문화적·생태적으로 보존가치가 큰 지역의 보호와 보존을 위하여 필요한 지구
취락지구	녹지지역·관리지역·농림지역·자연환경보전지역·개발제한구역 또는 도시자연공원구역의 취락을 정비하기 위한 지구
개발진흥지구	주거기능·상업기능·공업기능·유통물류기능·관광기능·휴양기능 등을 집중적으로 개발·정비할 필요가 있는 지구
특정용도제한지구	주거 및 교육환경 보호나 청소년 보호 등의 목적으로 오염물질 배출시설, 청소년 유해시설 등 특정시설의 입지를 제한할 필요가 있는 지구
복합용도지구	지역의 토지이용 상황, 개발 수요 및 주변 여건 등을 고려하여 효율적이고 복합적인 토지이용을 도모하기 위하여 특정시설의 입지를 완화할 필요가 있는 지구

정답 ②

필살키 015 용도지구 안에서의 건축제한

국토의 계획 및 이용에 관한 법령상 용도지구 안에서의 건축제한 등에 관한 설명으로 옳은 것은? (단, 건축물은 도시·군계획시설이 아니며, 조례는 고려하지 않음)

① 고도지구 안에서는 도시·군계획위원회의 자문을 거쳐 당해 고도지구에서 정한 높이를 초과하는 건축물을 건축할 수 있다.
② 자연취락지구 안에서는 3층의 방송통신시설, 동물 및 식물 관련 시설을 건축할 수 있다.
③ 지구단위계획 또는 관계 법률에 따른 개발계획을 수립하지 아니하는 개발진흥지구에서는 개발진흥지구의 지정목적 범위에서 해당 용도지역에서 허용되는 건축물을 건축할 수 없다.
④ 경관지구 안에서는 그 지구의 경관의 보전·관리·형성에 장애가 된다고 인정하여 도시계획위원회가 정하는 건축물을 건축할 수 없다.
⑤ 일반주거지역에 지정된 복합용도지구 안에서는 장례시설을 건축할 수 있다.

해설
① 고도지구 안에서는 도시·군관리계획으로 정하는 높이를 초과하는 건축물을 건축할 수 없다.
③ 지구단위계획 또는 관계 법률에 따른 개발계획을 수립하지 아니하는 개발진흥지구에서는 해당 용도지역에서 허용되는 건축물을 건축할 수 있다.
④ 경관지구 안에서는 그 지구의 경관의 보전·관리·형성에 장애가 된다고 인정하여 도시·군계획조례가 정하는 건축물을 건축할 수 없다.
⑤ 일반주거지역에 지정된 복합용도지구 안에서는 동물 및 식물 관련 시설, 제2종 근린생활시설 중 안마시술소, 공장, 관람장, 장례시설, 위험물 저장 및 처리시설을 건축할 수 없다.

정답 ②

필살키 016 용도구역

국토의 계획 및 이용에 관한 법령상 용도구역에 관한 설명으로 옳은 것은?

① 다른 법률에서 공간재구조화계획의 결정을 의제하고 있는 경우에는 이 법에 따르지 아니하고 도시혁신구역의 지정과 도시혁신계획을 결정할 수 있다.
② 도시·군계획시설입체복합구역의 지정권자는 공간재구조화계획 결정권자인 국토교통부장관, 시·도지사이다.
③ 도시·군계획시설 준공 후 10년이 경과한 경우로서 해당 시설의 개량 또는 정비가 필요한 경우에는 도시·군계획시설이 결정된 토지의 전부만 도시·군계획시설입체복합구역으로 지정할 수 있다.
④ 복합용도구역의 지정 및 변경과 복합용도계획의 수립 및 변경에 관한 세부적인 사항은 시·도지사가 정하여 고시한다.
⑤ 도시혁신구역의 지정권자는 공간재구조화계획 결정권자인 국토교통부장관, 시·도지사이다.

해설
① 다른 법률에서 공간재구조화계획의 결정을 의제하고 있는 경우에도 이 법에 따르지 아니하고 도시혁신구역의 지정과 도시혁신계획을 결정할 수 없다.
② 도시·군계획시설입체복합구역의 지정권자는 도시·군관리계획 결정권자인 국토교통부장관, 시·도지사, 대도시 시장이다.
③ 도시·군계획시설 준공 후 10년이 경과한 경우로서 해당 시설의 개량 또는 정비가 필요한 경우에는 도시·군계획시설이 결정된 토지의 전부 또는 일부를 도시·군계획시설입체복합구역으로 지정할 수 있다.
④ 복합용도구역의 지정 및 변경과 복합용도계획의 수립 및 변경에 관한 세부적인 사항은 국토교통부장관이 정하여 고시한다.

정답 ⑤

필살키 017 용도지역·용도지구·용도구역

국토의 계획 및 이용에 관한 법령상 용도지역·용도지구·용도구역에 관한 설명으로 옳은 것은?

① 하나의 대지가 녹지지역과 그 밖의 용도지역·용도지구 또는 용도구역에 걸쳐 있는 경우에는 가장 넓은 면적이 속하는 용도지역·용도지구 또는 용도구역의 건축물 및 토지에 관한 규정을 적용한다.
② 시·도지사는 도시자연공원구역에서 해제되는 구역 중 계획적인 개발이 필요한 지역의 전부 또는 일부에 대하여 지구단위계획구역을 도시·군관리계획으로 지정하여야 한다.
③ 다른 법률에서 공간재구조화계획의 결정을 의제하고 있는 경우에도 「국토의 계획 및 이용에 관한 법률」에 따르지 아니하고 도시혁신구역의 지정과 도시혁신계획을 결정할 수 없다.
④ 방재지구의 지정을 도시·군관리계획으로 결정하는 경우 도시·군관리계획의 내용에는 해당 방재지구의 재해저감대책을 포함하지 않아도 된다.
⑤ 시·도지사는 수산자원보호구역의 변경을 도시·군관리계획으로 결정할 수 있다.

해설

① 하나의 대지가 녹지지역과 그 밖의 용도지역·용도지구 또는 용도구역에 걸쳐 있는 경우에는 각각의 용도지역·용도지구 또는 용도구역의 건축물 및 토지에 관한 규정을 적용한다. 단, 규모가 가장 작은 부분이 녹지지역으로서 해당 녹지지역이 $330m^2$ 이하인 경우는 제외한다.
② 시·도지사는 도시자연공원구역에서 해제되는 구역 중 계획적인 개발이 필요한 지역의 전부 또는 일부에 대하여 지구단위계획구역을 도시·군관리계획으로 지정할 수 있다.
④ 방재지구의 지정을 도시·군관리계획으로 결정하는 경우 도시·군관리계획의 내용에는 해당 방재지구의 재해저감대책을 포함하여야 한다.
⑤ 해양수산부장관은 수산자원보호구역의 변경을 도시·군관리계획으로 결정할 수 있다.

정답 ③

필살키 018 도시·군계획시설

국토의 계획 및 이용에 관한 법령상 도시·군계획시설에 관한 설명으로 옳은 것은?

① 도시·군계획시설 결정이 고시된 도시·군계획시설에 대하여 그 고시일부터 20년이 지날 때까지 사업이 시행되지 아니하는 경우 그 고시일부터 20년이 되는 날에 그 효력을 상실한다.
② 지방의회로부터 장기미집행시설의 해제권고를 받은 시장·군수는 도지사가 결정한 도시·군관리계획의 해제를 도시·군관리계획으로 결정할 수 있다.
③ 「도시개발법」에 따른 도시개발구역이 200만m² 인 경우 해당 구역에서 개발사업을 시행하는 자는 공동구를 설치하여야 한다.
④ 도시지역에서 장사시설·종합의료시설·폐차장 등의 기반시설을 설치하고자 하는 경우에는 미리 도시·군관리계획으로 결정하여야 한다.
⑤ 공동구 수용시설인 전선로, 수도관, 열수송관, 가스관, 통신선로 중 공동구협의회의 심의를 거쳐야 하는 시설은 가스관이다.

해설

① 도시·군계획시설결정이 고시된 도시·군계획시설에 대하여 그 고시일부터 20년이 지날 때까지 사업이 시행되지 아니하는 경우 그 고시일부터 20년이 되는 날의 <u>다음 날</u>에 그 효력을 상실한다.
② 장기미집행 도시·군계획시설 결정의 해제를 권고받은 시장 또는 군수는 도지사가 결정한 도시·군계획시설의 해제가 필요한 경우에는 <u>도지사에게 그 결정을 신청하여야 한다</u>.
③ 「도시개발법」에 따른 도시개발구역이 <u>200만m²를 초과</u>하는 경우 해당 구역에서 개발사업을 시행하는 자는 공동구를 설치하여야 한다.
④ 도시지역에서 장사시설·종합의료시설·폐차장 등의 기반시설을 설치하고자 하는 경우에는 미리 도시·군관리계획으로 <u>결정하지 않고 설치할 수 있다</u>.

+PLUS 공동구의 의무적 설치대상

다음에 해당하는 지역·지구·구역 등(이하 '지역등')이 200만m²를 초과하는 경우에는 해당 지역등에서 개발사업을 시행하는 사업시행자는 공동구를 설치하여야 한다.

1. 「도시개발법」에 따른 도시개발구역
2. 「택지개발촉진법」에 따른 택지개발지구
3. 「경제자유구역의 지정 및 운영에 관한 특별법」에 따른 경제자유구역
4. 「도시 및 주거환경정비법」에 따른 정비구역
5. 「공공주택 특별법」에 따른 공공주택지구
6. 「도청이전을 위한 도시건설 및 지원에 관한 특별법」에 따른 도청이전신도시

정답 ⑤

필살키 019 매수청구

국토의 계획 및 이용에 관한 법령상 도시·군계획시설부지의 매수청구에 관한 설명으로 옳은 것은?

① 매수의무자는 매수청구가 있은 날부터 2년 이내에 매수 여부를 결정·통지하여야 한다.
② 지방자치단체인 매수의무자는 토지소유자가 원하는 경우 토지매수대금을 도시·군계획시설채권을 발행하여 지급할 수 있다.
③ 도시·군계획시설채권의 상환기간은 10년 이상 20년 이내로 한다.
④ 매수의무자가 매수하기로 결정한 토지는 매수결정을 통지한 날부터 3년 이내에 매수하여야 한다.
⑤ 도시·군계획시설 부지에 대한 매수청구의 대상은 지목이 대(垈)인 토지에 한정되며, 그 토지에 있는 건축물은 포함되지 않는다.

해설
① 매수의무자는 매수청구가 있은 날부터 <u>6개월</u> 이내에 매수 여부를 결정·통지하여야 한다.
③ 도시·군계획시설채권의 상환기간은 <u>10년 이내</u>로 한다.
④ 매수의무자가 매수하기로 결정한 토지는 매수결정을 통지한 날부터 <u>2년 이내</u>에 매수하여야 한다.
⑤ 매수청구대상은 지목이 대(垈)인 토지에 한하지 않고 그 토지에 있는 <u>건축물도 포함된다</u>.

정답 ②

필살키 020 　도시·군계획시설사업의 시행

국토의 계획 및 이용에 관한 법령상 도시·군계획시설사업의 시행에 관한 설명으로 옳은 것은?

① 시행자는 도시·군계획시설사업을 효율적으로 추진하기 위하여 필요하다고 인정되면 사업시행대상지역을 둘 이상으로 분할하여 시행할 수 없다.
② 한국토지주택공사가 도시·군계획시설사업의 시행자로 지정받으려면 사업 대상 토지면적의 3분의 2 이상의 토지소유자의 동의를 받아야 한다.
③ 도시·군계획시설사업이 둘 이상의 지방자치단체의 관할 구역에 걸쳐 시행되는 경우, 사업시행자에 대한 협의가 성립되지 아니하는 때에는 사업면적이 가장 큰 지방자치단체가 사업시행자가 된다.
④ 둘 이상의 시 또는 군의 관할 구역에 걸쳐 시행되는 도시·군계획시설사업이 광역도시계획과 관련된 경우, 국토교통부장관은 관계 시장 또는 군수의 의견을 들어 직접 시행할 수 있다.
⑤ 도지사가 시행한 도시·군계획시설사업으로 그 도에 속하지 않는 군이 현저히 이익을 받는 경우, 해당 도지사와 군수 간의 비용부담에 관한 협의가 성립되지 아니하는 때에는 행정안전부장관이 결정하는 바에 따른다.

해설

① 시행자는 도시·군계획시설사업을 효율적으로 추진하기 위하여 필요하다고 인정되면 사업시행대상지역을 둘 이상으로 분할하여 시행할 수 있다.
② 한국토지주택공사가 도시·군계획시설사업의 시행자로 지정받을 경우 토지소유자의 동의를 받을 필요가 없다.
③ 도시·군계획시설사업이 둘 이상의 지방자치단체의 관할 구역에 걸쳐 시행되는 경우로서 사업시행자에 대한 협의가 성립되지 아니하는 경우 같은 도의 관할 구역에 속하는 경우에는 관할 도지사가 시행자를 지정하고, 둘 이상의 시·도의 관할 구역에 걸치는 경우에는 국토교통부장관이 시행자를 지정한다.
④ 둘 이상의 시 또는 군의 관할 구역에 걸쳐 시행되는 도시·군계획시설사업이 광역도시계획과 관련된 경우, 도지사는 관계 시장 또는 군수의 의견을 들어 직접 시행할 수 있다.

+PLUS　행정청인 시행자

1. 원칙: 특별시장·광역시장·특별자치시장·특별자치도지사·시장 또는 군수

관할 구역만 시행	특별시장·광역시장·특별자치시장·특별자치도지사·시장 또는 군수는 「국토의 계획 및 이용에 관한 법률」 또는 다른 법률에 특별한 규정이 있는 경우 외에는 관할 구역의 도시·군계획시설사업을 시행한다.
관할 구역에 걸쳐 시행	협의가 성립되지 아니하는 경우 도시·군계획시설사업을 시행하려는 구역이 같은 도의 관할 구역에 속하는 경우에는 관할 도지사가 시행자를 지정하고, 둘 이상의 시·도의 관할 구역에 걸치는 경우에는 국토교통부장관이 시행자를 지정한다.

2. 예외: 국토교통부장관 또는 도지사

국토교통부장관	국가계획과 관련되거나 그 밖에 특히 필요하다고 인정되는 경우에는 관계 특별시장·광역시장·특별자치시장·특별자치도지사·시장 또는 군수의 의견을 들어 직접 도시·군계획시설사업을 시행할 수 있다.
도지사	둘 이상의 시 또는 군의 관할 구역에 걸쳐 시행되는 도시·군계획시설사업이 광역도시계획과 관련되거나 특히 필요하다고 인정되는 경우에는 관계 시장 또는 군수의 의견을 들어 직접 도시·군계획시설사업을 시행할 수 있다.

정답 ⑤

필살키 021   지구단위계획, 지구단위계획구역

국토의 계획 및 이용에 관한 법령상 지구단위계획 및 지구단위계획구역에 관한 설명으로 옳은 것은?

① 지구단위계획은 도시·군기본계획으로 결정된다.
② 도시지역 외의 지역은 지구단위계획구역으로 지정될 수 없다.
③ 지구단위계획의 수립기준은 시·도지사가 국토교통부장관과 협의하여 정한다.
④ 주민은 시장 또는 군수에게 지구단위계획구역의 지정에 관한 사항에 대하여 도시·군관리계획의 입안을 제안할 수 있다.
⑤ 도시지역 외의 지역으로서 용도지구를 폐지하고 그 용도지구에서의 행위 제한 등을 지구단위계획으로 대체하려는 지역은 지구단위계획구역으로 지정될 수 없다.

해설

① 지구단위계획은 <u>도시·군관리계획</u>으로 결정된다.
② 도시지역 외의 지역도 지구단위계획구역으로 지정될 수 <u>있다</u>.
③ 지구단위계획의 수립기준은 <u>국토교통부장관</u>이 정한다.
⑤ 도시지역 외의 지역으로서 용도지구를 폐지하고 그 용도지구에서의 행위 제한 등을 지구단위계획으로 대체하려는 지역은 지구단위계획구역으로 지정될 수 <u>있다</u>.

+PLUS 지구단위계획의 개념

정의	지구단위계획이란 도시·군계획 수립대상지역의 일부에 대하여 토지이용을 합리화하고 그 기능을 증진시키며 미관을 개선하고 양호한 환경을 확보하며, 그 지역을 체계적·계획적으로 관리하기 위하여 수립하는 도시·군관리계획을 말한다.
결정권자	지구단위계획구역 및 지구단위계획은 국토교통부장관, 시·도지사, 시장 또는 군수가 도시·군관리계획으로 결정한다.

정답 ④

필살키 022   지구단위계획구역에서 법률규정의 완화 적용

국토의 계획 및 이용에 관한 법령상 도시지역 및 도시지역 외 지구단위계획구역에서 지구단위계획에 의한 건폐율 등의 완화 적용에 관한 설명으로 옳은 것은?

① 도시지역 내 지구단위계획구역의 지정이 한옥마을의 보존을 목적으로 하는 경우 지구단위계획으로 「주차장법」 제19조 제3항에 의한 주차장 설치기준을 최대 80%까지만 완화하여 적용할 수 있다.
② 도시지역 외 지구단위계획구역에서 당해 용도지역에 적용되는 건축물 높이의 120% 이내에서 높이제한을 완화하여 적용할 수 있다.
③ 계획관리지역 외의 지역에 지정된 개발진흥지구 내의 지구단위계획구역에서는 건축물의 용도·종류 및 규모 등을 완화하여 적용할 경우 아파트 및 연립주택은 허용되지 아니한다.
④ 도시지역 내에 지정하는 지구단위계획구역에 대해서는 당해 지역에 적용되는 건폐율의 200% 이내에서 건폐율을 완화하여 적용할 수 있다.
⑤ 지구단위계획구역에서는 건축물의 높이제한, 대지의 분할제한, 용도지역 안에서의 건폐율, 용도지역 안에서의 용적률, 부설주차장의 설치기준을 완화하여 적용할 수 있다.

해설

① 도시지역 내 지구단위계획구역의 지정이 한옥마을의 보존을 목적으로 하는 경우 지구단위계획으로 「주차장법」 제19조 제3항에 의한 주차장 설치기준을 100%까지 완화하여 적용할 수 있다.
② 도시지역 외의 지역에서는 건폐율과 용적률은 완화가 규정되어 있으나 높이제한의 완화에 관한 내용은 규정이 없다.
④ 도시지역 내에 지정하는 지구단위계획구역에 대해서는 당해 지역에 적용되는 건폐율의 150%를 초과할 수 없다.
⑤ 지구단위계획구역에서는 건축물의 높이제한, 용도지역 안에서의 건폐율, 용도지역 안에서의 용적률, 부설주차장의 설치기준을 완화하여 적용할 수 있다. 여기서 대지의 분할제한은 완화할 수 있는 사항에 해당되지 않는다.

정답 ③

필살키 023 개발행위허가

국토의 계획 및 이용에 관한 법령상 개발행위허가에 관한 설명으로 옳은 것은? (단, 조례는 고려하지 않음)

① 허가관청이 조건을 붙여 개발행위를 허가하는 것은 허용되지 않는다.
② 개발행위허가권자는 개발행위허가를 받지 아니하고 개발행위를 하거나 허가내용과 다르게 개발행위를 하는 자에 대하여는 그 토지의 원상회복을 명할 수 있다.
③ 개발행위허가를 받은 자가 행정청이 아닌 경우, 개발행위로 용도가 폐지되는 공공시설은 개발행위허가를 받은 자에게 전부 무상으로 귀속된다.
④ 전·답 사이의 지목변경을 수반하는 경작을 위한 토지의 형질변경은 개발행위허가 대상이다.
⑤ 개발행위허가를 받은 사업면적을 5% 범위 안에서 확대 또는 축소하는 경우에는 변경허가를 받지 않아도 된다.

+PLUS 개발행위허가 대상

다음의 어느 하나에 해당하는 개발행위를 하려는 자는 특별시장·광역시장·특별자치시장·특별자치도지사·시장 또는 군수의 개발행위허가를 받아야 한다. 다만, 도시·군계획사업(다른 법률에 따라 도시·군계획사업을 의제한 사업을 포함)에 의한 행위는 그러하지 아니하다.

개발행위 항목	개발행위 내용
건축물의 건축	「건축법」에 따른 건축물의 건축
공작물의 설치	인공을 가하여 제작한 시설물(건축법에 따른 건축물은 제외)의 설치
토지의 형질변경	① 절토(땅깎기)·성토(흙쌓기)·정지(땅고르기)·포장 등의 방법으로 토지의 형상을 변경하는 행위와 공유수면의 매립(경작을 위한 토지의 형질변경은 제외) ② 지목의 변경을 수반하는 경우(전·답 사이의 변경은 제외)
토석채취	흙·모래·자갈·바위 등의 토석을 채취하는 행위(단, 토지의 형질변경을 목적으로 하는 것은 제외)
토지분할	① 녹지지역·관리지역·농림지역 및 자연환경보전지역 안에서 관계 법령에 따른 허가·인가 등을 받지 아니하고 행하는 토지의 분할 ② 「건축법」에 따른 분할제한면적 미만으로의 토지의 분할 ③ 관계 법령에 의한 허가·인가 등을 받지 아니하고 행하는 너비 5m 이하로의 토지의 분할
물건을 쌓아놓는 행위	녹지지역·관리지역 또는 자연환경보전지역 안에서 건축물의 울타리 안에 위치하지 아니한 토지에 물건을 1개월 이상 쌓아놓는 행위

해설

① 허가관청이 조건을 붙여 개발행위를 허가하는 것은 허용된다.
③ 개발행위허가를 받은 자가 행정청이 아닌 경우, 개발행위허가를 받은 자가 새로 설치한 공공시설은 그 시설을 관리할 관리청에 무상으로 귀속되고, 개발행위로 용도가 폐지되는 공공시설은 새로 설치한 공공시설의 설치비용에 상당하는 범위에서 개발행위허가를 받은 자에게 무상으로 양도할 수 있다.
④ 전·답 사이의 지목변경을 수반하는 경작을 위한 토지의 형질변경은 개발행위허가의 대상이 아니다.
⑤ 건축물의 건축에 대해 개발행위허가를 받은 후 건축물 연면적을 5% 범위 안에서 확대하려면 변경허가를 받아야 하고, 축소하는 경우에는 지체 없이 그 사실을 특별시장·광역시장·특별자치시장·특별자치도지사·시장 또는 군수에게 통지하여야 한다.

정답 ②

필살키 024 개발행위허가의 제한

국토의 계획 및 이용에 관한 법령상 개발행위허가의 제한에 관한 설명으로 옳은 것은?

① 개발행위로 인하여 주변의 환경·경관·미관 및 「국가유산기본법」에 따른 국가유산 등이 크게 오염되거나 손상될 우려가 있는 지역은 최장 5년간 개발행위허가를 제한할 수 있는 지역이다.
② 녹지지역으로 수목이 집단적으로 생육하고 있어 보전할 필요가 있는 지역은 제한기간의 연장이 가능하다.
③ 계획관리지역으로서 수목이 집단적으로 자라고 있거나 조수류 등이 집단적으로 서식하고 있는 지역 또는 우량농지 등으로 보전할 필요가 있는 지역은 최장 5년간 개발행위허가를 제한할 수 있는 지역이다.
④ 지구단위계획구역으로 지정된 지역은 최장 5년간 개발행위허가를 제한할 수 있는 지역이다.
⑤ 개발행위허가를 제한하고자 하는 자가 국토교통부장관인 경우에는 중앙도시계획위원회 심의 후에 관할 시장·군수의 의견을 들어야 한다.

해설

① 개발행위로 인하여 주변의 환경·경관·미관 및 「국가유산법」에 따른 국가유산 등이 크게 오염되거나 손상될 우려가 있는 지역은 최장 3년간 개발행위허가를 제한할 수 있는 지역으로 제한기간의 연장은 허용되지 않는다.
② 녹지지역으로 수목이 집단적으로 생육하고 있어 보전할 필요가 있는 지역은 제한기간의 연장이 불가능하다.
③ 녹지지역이나 계획관리지역으로서 수목이 집단적으로 자라고 있거나 조수류 등이 집단적으로 서식하고 있는 지역 또는 우량농지 등으로 보전할 필요가 있는 지역은 최장 3년간 개발행위허가를 제한할 수 있는 지역으로 제한기간의 연장은 허용되지 않는다.
⑤ 개발행위허가를 제한하고자 하는 자가 국토교통부장관인 경우에는 중앙도시계획위원회 심의 전에 미리 관할 시장·군수의 의견을 들어야 한다.

정답 ④

필살키 025 개발밀도관리구역

국토의 계획 및 이용에 관한 법령상 개발밀도관리구역에 관한 설명으로 옳은 것은?

① 개발밀도관리구역 안에서는 해당 용도지역에 적용되는 용적률의 최대한도 60% 범위 안에서 용적률을 강화하여 적용한다.
② 주거지역에서의 개발행위로 기반시설의 용량이 부족할 것으로 예상되는 지역 중 기반시설의 설치가 곤란한 지역으로서 향후 1년 이내에 당해 지역의 학생 수가 학교수용능력을 10% 초과할 것으로 예상되는 지역은 개발밀도관리구역으로 지정될 수 있다.
③ 개발밀도관리구역에 대하여는 기반시설의 변화가 있는 경우, 이를 주기적으로 검토하여 그 구역의 해제 등 필요한 조치를 취하여야 한다.
④ 군수가 개발밀도관리구역을 지정하려면 지방도시계획위원회의 심의를 거쳐 도지사의 승인을 받아야 한다.
⑤ 개발밀도관리구역의 명칭 변경에 대하여는 지방도시계획위원회의 심의를 요하지 아니한다.

해설

① 개발밀도관리구역 안에서는 해당 용도지역에 적용되는 용적률의 최대한도 50% 범위 안에서 용적률을 강화하여 적용한다.
② 주거지역에서의 개발행위로 기반시설의 용량이 부족할 것으로 예상되는 지역 중 기반시설의 설치가 곤란한 지역으로서 향후 2년 이내에 당해 지역의 학생 수가 학교수용능력을 20% 이상 초과할 것으로 예상되는 지역은 개발밀도관리구역으로 지정될 수 있다.
④ 군수가 개발밀도관리구역을 지정하는 경우 도지사의 승인을 받을 필요가 없다.
⑤ 개발밀도관리구역의 명칭 변경에 대하여는 지방도시계획위원회의 심의를 요한다.

정답 ③

필살키 026 기반시설부담구역

국토의 계획 및 이용에 관한 법령상 기반시설부담구역 등에 관한 설명으로 옳은 것은?

① 기반시설설치비용은 현금 납부를 원칙으로 하되, 부과대상 토지 및 이와 비슷한 토지로 하는 납부(물납)를 인정할 수 없다.

② 기반시설의 설치가 필요하다고 인정하는 지역으로서 해당 지역의 전년도 개발행위허가 건수가 전전년도 개발행위허가 건수보다 30% 증가한 지역은 기반시설부담구역으로 지정하여야 한다.

③ 주거·상업지역에서의 개발행위로 인하여 기반시설의 수용능력이 부족할 것이 예상되는 지역 중 기반시설의 설치가 곤란한 지역은 기반시설부담구역으로 지정하여야 한다.

④ 기반시설부담구역의 지정고시일부터 2년이 되는 날까지 기반시설설치계획을 수립하지 아니하면 그 2년이 되는 날의 다음 날에 기반시설부담구역의 지정은 해제된 것으로 본다.

⑤ 제1종 근린생활시설, 공동주택, 의료시설, 업무시설, 숙박시설 중에서 의료시설의 기반시설유발계수가 가장 높다.

해설

① 기반시설설치비용은 현금, 신용카드 또는 직불카드로 납부하도록 하되, 부과대상 토지 및 이와 비슷한 토지로 하는 납부를 인정할 수 있다.

③ 주거·상업·공업지역에서의 개발행위로 인하여 기반시설의 수용능력이 부족할 것이 예상되는 지역 중 기반시설의 설치가 곤란한 지역은 개발밀도관리구역으로 지정할 수 있다.

④ 기반시설부담구역의 지정고시일부터 1년이 되는 날까지 기반시설설치계획을 수립하지 아니하면 그 1년이 되는 날의 다음 날에 기반시설부담구역의 지정은 해제된 것으로 본다.

⑤ 제1종 근린생활시설(1.3), 공동주택(0.7), 의료시설(0.9), 업무시설(0.7), 숙박시설(1.0) 중에서 제1종 근린생활시설의 기반시설유발계수가 가장 높다.

정답 ②

PART 02 도시개발법

19・21・22・26・34회

필살카 027 도시개발구역 지정 후 개발계획의 수립

도시개발법령상 도시개발구역을 지정한 후에 개발계획을 수립할 수 있는 경우를 설명한 것으로 틀린 것은?

① 개발계획을 공모한 경우에는 도시개발구역을 지정한 후에 개발계획을 수립할 수 있다.
② 보전관리지역에 도시개발구역을 지정할 때에는 도시개발구역을 지정한 후에 개발계획을 수립할 수 있다.
③ 생산녹지지역(도시개발구역 지정면적의 100분의 30 이하인 경우)에 도시개발구역을 지정할 때에는 도시개발구역을 지정한 후에 개발계획을 수립할 수 있다.
④ 농림지역에 국토교통부장관이 지역균형발전을 위하여 관계 중앙행정기관의 장과 협의하여 도시개발구역으로 지정할 때에는 도시개발구역을 지정한 후에 개발계획을 수립할 수 없다.
⑤ 세입자의 주거 및 생활안정대책에 관한 사항은 도시개발구역을 지정한 후에 개발계획의 내용으로 포함시킬 수 있다.

해설

농림지역에 국토교통부장관이 지역균형발전을 위하여 관계 중앙행정기관의 장과 협의하여 도시개발구역으로 지정할 때에는 도시개발구역을 지정한 후에 개발계획을 수립할 수 있다.

+PLUS 도시개발구역 지정 후 개발계획을 수립할 수 있는 지역

다음의 지역에 도시개발구역을 지정할 때에는 도시개발구역을 지정한 후에 개발계획을 수립할 수 있다.

1. 자연녹지지역
2. 도시개발구역 지정면적의 100분의 30 이하인 생산녹지지역
3. 도시지역 외의 지역
4. 국토교통부장관이 지역균형발전을 위하여 관계 중앙행정기관의 장과 협의하여 도시개발구역으로 지정하려는 지역(자연환경보전지역은 제외)
5. 해당 도시개발구역에 포함되는 주거지역・상업지역・공업지역의 면적의 합계가 전체 도시개발구역 지정면적의 100분의 30 이하인 지역

정답 ④

필살키 028 도시개발구역의 지정(1)

도시개발법령상 도시개발구역 지정의 해제에 관한 설명으로 옳지 않은 것은?

① 도시개발구역의 지정은 도시개발구역이 지정·고시된 날부터 3년이 되는 날까지 실시계획의 인가를 신청하지 아니하는 경우에는 그 3년이 되는 날의 다음 날에 해제된 것으로 본다.

② 도시개발구역을 지정한 후 개발계획을 수립하는 경우에는 도시개발구역이 지정·고시된 날부터 2년이 되는 날까지 개발계획을 수립·고시하지 아니하는 경우에는 그 2년이 되는 날의 다음 날에 해제된 것으로 본다.

③ 330만m² 이상인 도시개발구역을 지정한 후 개발계획을 수립하는 경우에는 개발계획을 수립·고시한 날부터 3년이 되는 날까지 실시계획 인가를 신청하지 아니하는 경우에는 그 3년이 되는 날의 다음 날에 해제된 것으로 본다.

④ 도시개발구역의 지정이 해제의제된 경우에는 그 도시개발구역에 대한 「국토의 계획 및 이용에 관한 법률」에 따른 용도지역 및 지구단위계획구역은 해당 도시개발구역 지정 전의 용도지역 및 지구단위계획구역으로 각각 환원되거나 폐지된 것으로 본다. 단, 도시개발사업의 공사완료로 지정이 해제된 경우는 제외한다.

⑤ 도시개발구역의 지정이 해제의제되는 경우 지정권자는 대통령령으로 정하는 바에 따라 이를 관보나 공보에 고시하고, 대도시 시장인 지정권자는 관계 행정기관의 장에게 통보하여야 하며 관계 서류를 일반에게 공람시켜야 하고, 대도시 시장이 아닌 지정권자는 관계 행정기관의 장과 도시개발구역을 관할하는 시장(대도시 시장은 제외)·군수 또는 구청장에게 통보하여야 한다.

해설
330만m² 이상인 도시개발구역을 지정한 후 개발계획을 수립하는 경우에는 개발계획을 수립·고시한 날부터 5년이 되는 날까지 실시계획 인가를 신청하지 아니하는 경우에는 그 5년이 되는 날의 다음 날에 해제된 것으로 본다.

+PLUS 도시개발구역의 지정

국토교통부장관은 다음의 어느 하나에 해당하면 도시개발구역을 지정할 수 있다.

1. 국가가 도시개발사업을 실시할 필요가 있는 경우
2. 관계 중앙행정기관의 장이 요청하는 경우
3. 공공기관의 장 또는 정부출연기관의 장이 대통령령으로 정하는 규모(30만m²) 이상으로서 국가계획과 밀접한 관련이 있는 도시개발구역의 지정을 제안하는 경우
4. 둘 이상의 시·도 또는 대도시의 행정구역에 걸치는 경우로서 도시개발구역의 지정을 위한 관계 시·도지사 또는 대도시 시장의 협의가 성립되지 아니하는 경우
5. 그 밖에 대통령령(천재지변, 그 밖의 사유로 인하여 도시개발사업을 긴급하게 할 필요가 있는 경우)으로 정하는 경우

정답 ③

필살키 029 도시개발구역의 지정(2)

도시개발법령상 도시개발구역의 지정에 관한 설명으로 옳은 것은? (단, 특례는 고려하지 않음)

① 서로 떨어진 둘 이상의 지역을 결합하여 하나의 도시개발구역으로 지정할 수 없다.
② 대도시 시장은 직접 도시개발구역을 지정할 수 없고, 도지사에게 그 지정을 요청하여야 한다.
③ 군수가 도시개발구역의 지정을 요청하려는 경우 주민이나 관계전문가 등으로부터 의견을 들어야 한다.
④ 도시개발구역의 총면적이 1만m^2 미만인 경우 둘 이상의 사업시행지구로 분할하여 지정할 수 있다.
⑤ 도시개발조합, 한국수자원공사, 한국관광공사, 한국농어촌공사, 「지방공기업법」에 따라 설립된 지방공사는 도시개발구역의 지정을 제안할 수 있는 자이다.

해설

① 도시개발구역을 지정하는 자('지정권자'라 한다)는 도시개발사업의 효율적인 추진과 도시의 경관 보호 등을 위하여 필요하다고 인정하는 경우에는 도시개발구역을 둘 이상의 사업시행지구로 분할하거나 서로 떨어진 둘 이상의 지역을 결합하여 하나의 도시개발구역으로 지정할 수 있다.
② 특별시장·광역시장 또는 도지사, 특별자치도지사('시·도지사'라 한다), 서울특별시와 광역시를 제외한 인구 50만 이상의 대도시의 시장은 계획적인 도시개발이 필요하다고 인정되는 때에는 도시개발구역을 지정할 수 있다.
④ 도시개발구역을 둘 이상의 사업시행지구로 분할할 수 있는 경우는 지정권자가 도시개발사업의 효율적인 추진을 위하여 필요하다고 인정하는 경우로서 분할 후 각 사업시행지구의 면적이 각각 1만m^2 이상인 경우로 한다.
⑤ 국가 및 지방자치단체와 도시개발조합을 제외한 나머지 사업시행자는 국토교통부령으로 정하는 서류를 특별자치도지사, 시장·군수·구청장에게 제출하여 특별자치도지사, 시장·군수 또는 구청장에게 도시개발구역의 지정을 제안할 수 있다.

정답 ③

필살키 030 시행자 변경

도시개발법령상 도시개발구역 지정권자가 시행자를 변경할 수 있는 경우가 아닌 것은?

① 도시개발사업에 관한 실시계획의 인가를 받은 후 2년 이내에 사업을 착수하지 아니하는 경우
② 행정처분으로 사업시행자의 지정이 취소된 경우
③ 환지방식으로 사업을 시행하는 사업시행자가 도시개발구역 지정의 고시일부터 6개월 이내에 실시계획의 인가를 신청하지 아니하는 경우
④ 사업시행자의 부도·파산으로 도시개발사업의 목적을 달성하기 어렵다고 인정되는 경우
⑤ 행정처분으로 실시계획의 인가가 취소된 경우

해설

환지방식으로 사업을 시행하는 경우에 시행자로 지정된 자(토지소유자 또는 조합)가 도시개발구역의 지정고시일로부터 1년 이내에 도시개발사업에 관한 실시계획의 인가를 신청하지 아니하는 경우

+PLUS 시행자 변경

지정권자는 다음의 어느 하나에 해당하는 경우에는 시행자를 변경할 수 있다.

1. 도시개발사업에 관한 실시계획의 인가를 받은 후 2년 이내에 사업을 착수하지 아니하는 경우
2. 행정처분으로 시행자의 지정이나 실시계획의 인가가 취소된 경우
3. 시행자의 부도·파산, 그 밖에 이와 유사한 사유로 도시개발사업의 목적을 달성하기 어렵다고 인정되는 경우
4. 도시개발구역의 전부를 환지방식으로 시행하는 시행자가 도시개발구역 지정의 고시일부터 1년(단, 지정권자가 실시계획의 인가신청기간의 연장이 불가피하다고 인정하여 6개월의 범위에서 연장한 경우에는 그 연장된 기간) 이내에 도시개발사업에 관한 실시계획의 인가를 신청하지 아니하는 경우

정답 ③

필살키 031   도시개발사업의 시행자

도시개발법령상 도시개발사업의 시행에 관한 설명으로 옳은 것은?

① 도시개발사업의 시행자 중 「주택법」에 따른 주택건설사업자 등으로 하여금 도시개발사업의 일부를 대행하게 할 수 있는 자는 지방자치단체, 한국관광공사, 자기관리부동산투자회사, 과밀억제권역에서 수도권 외의 지역으로 이전하는 법인 등이다.

② 사업시행자는 도시개발사업의 일부인 도로, 공원 등 공공시설의 건설을 지방공사에 위탁하여 시행할 수 없다.

③ 토지소유자가 도시개발구역의 지정을 제안하려는 경우에는 대상 구역 토지면적의 2분의 1 이상에 해당하는 토지소유자의 동의를 받아야 한다.

④ 한국철도공사는 「역세권의 개발 및 이용에 관한 법률」에 따른 역세권개발사업을 시행하는 경우에만 도시개발사업의 시행자가 된다.

⑤ 공동으로 도시개발사업을 시행하려는 자가 정하는 규약에 포함되어야 할 사항 중 청산, 환지계획 및 환지예정지의 지정, 보류지 및 체비지의 관리·처분, 토지평가협의회의 구성 및 운영은 환지방식으로 시행하는 경우에만 포함되어야 할 사항이다.

해설

① 도시개발사업의 시행자 중 「주택법」에 따른 주택건설사업자 등으로 하여금 도시개발사업의 일부를 대행하게 할 수 있는 자는 공공사업시행자이므로 지방자치단체, 한국관광공사는 맞지만, 자기관리부동산투자회사, 과밀억제권역에서 수도권 외의 지역으로 이전하는 법인은 그렇지 않다.

② 사업시행자는 도시개발사업의 일부인 도로, 공원 등 공공시설의 건설을 지방공사에 위탁하여 시행할 수 있다.

③ 토지소유자가 도시개발구역의 지정을 제안하려는 경우에는 대상 구역 토지면적의 3분의 2 이상에 해당하는 토지소유자의 동의를 받아야 한다.

④ 한국토지주택공사, 한국수자원공사, 한국농어촌공사, 한국관광공사, 한국철도공사 등의 공공기관도 도시개발사업의 시행자가 될 수 있다. 다만, 「국가철도공단법」에 따른 국가철도공단은 「역세권의 개발 및 이용에 관한 법률」에 따른 역세권개발사업을 시행하는 경우에만 사업시행자가 될 수 있다.

정답 ⑤

필살키 032 도시개발사업에 관한 공사감리

도시개발법령상 도시개발사업에 관한 공사의 감리에 관한 설명으로 옳지 <u>않은</u> 것은?

① 시행자가 국가, 지방자치단체 등에 해당하는 자인 경우 지정권자는 실시계획을 인가하였을 때에는 「건설기술 진흥법」에 따른 건설엔지니어링사업자를 도시개발사업의 공사에 대한 감리를 할 자로 지정하고 지도·감독하여야 한다.
② 감리자는 업무를 수행할 때 위반사항을 발견하면 지체 없이 시공자와 시행자에게 위반사항을 시정할 것을 알리고 7일 이내에 지정권자에게 그 내용을 보고하여야 한다.
③ 시공자와 시행자는 시정통지를 받은 경우 특별한 사유가 없으면 해당 공사를 중지하고 위반사항을 시정한 후 감리자의 확인을 받아야 한다. 이 경우 감리자의 시정통지에 이의가 있으면 즉시 공사를 중지하고 지정권자에게 서면으로 이의신청을 할 수 있다.
④ 시행자는 감리자에게 국토교통부령으로 정하는 절차 등에 따라 공사감리비를 지급하여야 한다.
⑤ 시행자와 감리자 간의 책임내용과 책임범위는 이 법으로 규정한 것 외에는 당사자 간의 계약으로 정한다.

해설

지정권자는 실시계획을 인가하였을 때에는 「건설기술 진흥법」에 따른 건설엔지니어링사업자를 도시개발사업의 공사에 대한 감리를 할 자로 지정하고 지도·감독하여야 한다. <u>다만, 시행자가 국가, 지방자치단체 등에 해당하는 자인 경우에는 그러하지 아니하다.</u>

정답 ①

필살기 033 실시계획

도시개발법령상 도시개발사업의 실시계획에 관한 설명으로 옳은 것은?

① 인가를 받은 실시계획 중 사업시행면적의 100분의 20이 감소된 경우 지정권자의 변경인가를 받을 필요가 없다.
② 도시개발사업을 환지방식으로 시행하는 구역에 대하여 지정권자가 실시계획을 작성한 경우에는 사업의 명칭·목적, 도시·군관리계획의 결정내용을 관할 등기소에 통보·제출하여야 한다.
③ 관련 인·허가등의 의제를 받으려는 자는 실시계획의 인가를 신청하는 때에 해당 법률로 정하는 관계 서류를 함께 제출하여야 한다.
④ 도시개발사업에 관한 실시계획은 개발계획에 맞게 작성되어야 하지만, 지구단위계획이 포함되지는 않는다.
⑤ 시·도지사가 실시계획을 작성하는 경우 국토교통부장관의 의견을 미리 들어야 한다.

해설

① 인가를 받은 실시계획을 변경하거나 폐지하는 경우에도 인가를 받아야 하지만, 인가를 받은 실시계획 중 사업시행면적의 100분의 10의 범위에서 감소하는 변경인 경우 지정권자의 변경인가를 받을 필요가 없다.
② 도시개발사업을 환지방식으로 시행하는 구역에 대하여 지정권자가 실시계획을 작성한 경우에는 사업의 명칭·목적, 도시개발구역의 위치 및 면적, 시행자, 시행기간, 시행방식 등에 관한 사항과 토지조서를 관할 등기소에 통보·제출하여야 하지만, 도시·군관리계획의 결정내용은 등기소에 통보·제출할 내용에 해당하지 않는다.
④ 도시개발사업에 관한 실시계획은 개발계획에 맞게 작성되어야 하고, 지구단위계획이 포함되어야 한다.
⑤ 지정권자가 실시계획을 작성하거나 인가하는 경우 국토교통부장관이 지정권자이면 시·도지사 또는 대도시 시장의 의견을, 시·도지사가 지정권자이면 시장(대도시 시장 제외)·군수 또는 구청장의 의견을 미리 들어야 한다.

+PLUS 실시계획의 작성 및 내용

1. 시행자는 도시개발사업에 관한 실시계획을 작성하여야 한다. 이 경우 실시계획에는 지구단위계획이 포함되어야 한다.
2. 실시계획은 개발계획에 맞게 작성하여야 한다.
3. 실시계획의 작성에 필요한 세부적인 사항은 국토교통부장관이 정한다.
4. 실시계획에는 사업시행에 필요한 설계도서, 자금계획, 시행 기간, 그 밖에 대통령령으로 정하는 사항과 서류를 명시하거나 첨부하여야 한다.

정답 ③

필살키 034 도시개발사업의 시행방식

도시개발법령상 도시개발사업의 시행방식에 관한 설명으로 옳은 것은?

① 계획적이고 체계적인 도시개발 등 집단적인 조성과 공급이 필요한 경우에는 환지방식으로 정하여야 하며, 다른 시행방식에 의할 수 없다.
② 시행자는 도시개발사업의 시행방식을 토지 등을 수용 또는 사용하는 방식, 환지방식 또는 이를 혼용하는 방식으로 시행할 수 있으며, 별도로 국토교통부장관의 허가를 받을 필요는 없다.
③ 수용 또는 사용의 방식에서 지정권자가 아닌 시행자는 조성토지등을 공급받거나 이용하려는 자로부터 지정권자의 승인 없이 해당 대금의 전부 또는 일부를 미리 받을 수 있다.
④ 수용 또는 사용의 방식에서 「지방공기업법」에 의하여 설립된 지방공사인 시행자는 토지소유자의 동의 없이 도시개발사업에 필요한 토지 등을 수용 또는 사용할 수 없다.
⑤ 수용 또는 사용방식은 대지로서의 효용증진과 공공시설의 정비를 위하여 지목 또는 형질의 변경이나 공공시설의 설치·변경이 필요한 경우에 시행하는 방식이다.

해설

① 계획적이고 체계적인 도시개발 등 집단적인 택지의 조성과 공급이 필요한 경우에는 수용 또는 사용방식으로 시행하게 된다.
③ 수용 또는 사용의 방식에서 시행자는 조성토지등과 도시개발사업으로 조성되지 아니한 상태의 토지(원형지)를 공급받거나 이용하려는 자로부터 대통령령으로 정하는 바에 따라 해당 대금의 전부 또는 일부를 미리 받을 수 있다. 다만, 지정권자가 아닌 시행자는 해당 대금의 전부 또는 일부를 미리 받으려면 지정권자의 승인을 받아야 한다.
④ 수용 또는 사용의 방식에서 「지방공기업법」에 의하여 설립된 지방공사인 시행자는 토지소유자의 동의 없이 도시개발사업에 필요한 토지 등을 수용 또는 사용할 수 있다.
⑤ 환지방식은 대지로서의 효용증진과 공공시설의 정비를 위하여 지목 또는 형질의 변경이나 공공시설의 설치·변경이 필요한 경우에 시행하는 방식이다.

+PLUS 사업시행방식의 종류

종류		특징
수용 또는 사용방식		계획적이고 체계적인 도시개발 등 집단적인 조성과 공급이 필요한 경우
환지방식		① 대지로서의 효용증진과 공공시설의 정비를 위하여 토지의 교환·분할·합병, 그 밖의 구획변경, 지목 또는 형질의 변경이나 공공시설의 설치·변경이 필요한 경우 ② 도시개발사업을 시행하는 지역의 지가가 인근의 다른 지역에 비하여 현저히 높아 수용 또는 사용방식으로 시행하는 것이 어려운 경우
혼용방식	정의	도시개발구역으로 지정하려는 지역이 부분적으로 수용·사용방식 또는 환지방식의 요건에 해당하는 경우
	종류 — 분할 혼용방식	수용 또는 사용방식이 적용되는 지역과 환지방식이 적용되는 지역을 사업시행지구별로 분할하여 시행하는 방식
	종류 — 미분할 혼용방식	사업시행지구를 분할하지 아니하고 수용 또는 사용방식과 환지방식을 혼용하여 시행하는 방식

정답 ②

필살키 035 토지상환채권

도시개발법령상 토지상환채권의 설명으로 옳은 것은?

① 지방자치단체가 시행자인 경우 지급보증 없이 토지상환채권을 발행할 수 없다.
② 토지상환채권의 발행규모는 그 토지상환채권으로 상환할 토지 및 건축물이 해당 도시개발사업으로 조성되는 분양토지 또는 분양건축물 면적의 2분의 1 이상이 되도록 한다.
③ 토지상환채권은 타인에게 이전할 수 있으며, 기명식 증권으로 한다.
④ 토지상환채권의 이율은 발행 당시의 금융기관의 예금금리 및 부동산수급상황을 고려해서 행정안전부장관이 정한다.
⑤ 토지상환채권이란 토지소유자가 원하는 경우 토지 등의 매수대금의 전부를 지급하기 위하여 도시개발사업시행으로 조성된 토지·건축물로 상환하는 채권을 말한다.

해설
① 사업시행자는 토지상환채권을 발행할 수 있으며, 지방자치단체가 시행자인 경우 지급보증 없이 토지상환채권을 발행할 수 있다.
② 토지상환채권의 발행규모는 그 토지상환채권으로 상환할 토지 및 건축물이 해당 도시개발사업으로 조성되는 분양토지 또는 분양건축물 면적의 2분의 1을 넘지 않아야 한다.
④ 토지상환채권의 이율은 발행 당시의 금융기관의 예금금리 및 부동산수급상황을 고려해서 발행자가 정한다.
⑤ 토지상환채권이란 토지소유자가 원하는 경우 토지 등의 매수대금의 일부를 지급하기 위하여 도시개발사업시행으로 조성된 토지·건축물로 상환하는 채권을 말한다.

정답 ③

필살키 036 원형지의 공급과 개발

도시개발법령상 원형지의 공급과 개발에 관한 설명으로 옳은 것은?

① 원형지를 공장부지로 직접 사용하는 자를 원형지개발자로 선정하는 경우 수의계약의 방법으로 한다.
② 지방자치단체가 원형지개발자인 경우 원형지 공사완료 공고일부터 5년이 경과하기 전에는 원형지를 매각할 수 없다.
③ 원형지 공급 승인신청서에는 원형지 사용조건에 관한 서류가 첨부되어야 하며, 원형지 공급가격은 개발계획이 반영된 원형지의 감정가격으로 한다.
④ 원형지는 도시개발구역 전체 토지면적의 2분의 1 이내의 면적으로만 공급될 수 있다.
⑤ 도시개발구역의 지정권자는 원형지 공급·개발의 승인을 할 때에는 교통처리계획 및 기반시설의 설치 등에 관한 이행조건을 붙일 수 있다.

해설
① 원형지를 공장부지로 직접 사용하는 자를 원형지개발자로 선정하는 경우 경쟁입찰의 방식으로 하며, 경쟁입찰이 2회 이상 유찰된 경우에는 수의계약의 방법으로 할 수 있다.
② 지방자치단체가 원형지개발자인 경우 원형지 공사완료 공고일부터 5년이 경과하기 전에도 원형지를 매각할 수 있다.
③ 원형지 공급가격은 개발계획이 반영된 원형지의 감정가격에 시행자가 원형지에 설치한 기반시설 등의 공사비를 더한 금액을 기준으로 시행자와 원형지개발자가 협의하여 결정한다.
④ 원형지의 면적은 도시개발구역 전체 토지면적의 3분의 1 이내의 면적으로만 공급될 수 있다.

정답 ⑤

필살카 037 조성토지의 공급

도시개발법령상 조성토지의 공급에 관한 설명으로 옳은 것은?

① 일반에게 분양할 수 없는 공공용지를 지방자치단체에게 공급하는 경우에는 추첨의 방법에 의할 수 있다.
② 학교, 폐기물처리시설, 임대주택을 설치하기 위해 공급하는 조성토지의 가격은 「감정평가 및 감정평가사에 관한 법률」에 따른 감정평가법인 등이 감정평가한 가격 이하로 정할 수 있다.
③ 토지상환채권에 의하여 토지를 상환하는 경우에는 수의계약의 방법으로 할 수 없다.
④ 지정권자가 아닌 시행자가 조성토지등을 공급하려고 할 때에는 조성토지등의 공급계획을 작성하여 지정권자에게 신고하여야 한다.
⑤ 단독주택용지로서 330m² 이하인 조성토지는 수의계약의 방법으로 분양할 수 있다.

해설

① 일반에게 분양할 수 없는 공공용지를 지방자치단체에게 공급하는 경우에는 <u>수의계약의 방법</u>에 의할 수 있다.
③ 학교용지, 공공청사용지 등 일반에게 분양할 수 없는 공공용지를 국가, 지방자치단체, 그 밖의 법령에 따라 해당 시설을 설치할 수 있는 자에게 공급하는 경우와 토지상환채권에 의하여 토지로 상환하는 경우에는 <u>수의계약으로 공급할 수 있다</u>.
④ 지정권자가 아닌 시행자가 조성토지등을 공급하려고 할 때에는 조성토지등의 공급계획을 작성하거나 변경하여 <u>지정권자의 승인을 받아야 한다</u>.
⑤ 단독주택용지로서 330m² 이하인 조성토지는 <u>추첨의 방법</u>으로 분양할 수 있다.

정답 ②

필살키 038 환지계획

도시개발법령상 환지계획에 관한 설명으로 옳은 것은?

① 도시개발사업 시행자가 환지방식으로 사업을 시행하려는 경우 환지설계, 필지별로 된 환지명세, 필지별과 권리별로 된 청산 대상 토지명세, 체비지 또는 보류지를 정한 경우 그 명세, 청산금의 결정은 환지계획에 포함되어야 할 사항이다.
② 도시개발사업의 시행자는 환지방식이 적용되는 도시개발구역에 있는 조성토지등의 가격을 평가할 때에는 토지평가협의회의 심의를 거친 후 감정평가법인 등의 평가를 거쳐 결정한다.
③ 환지계획에서 정하여진 환지는 그 환지처분의 공고가 있은 날부터 종전의 토지로 본다.
④ 군수는 「주택법」에 따른 공동주택의 건설을 촉진하기 위하여 필요하다고 인정하면 체비지 중 일부를 같은 지역에 집단으로 정하게 할 수 있다.
⑤ 시행자는 사업 대상 토지의 소유자가 신청하거나 동의하면 해당 토지에 관한 임차권자의 동의가 없어도 그 토지의 전부 또는 일부에 대하여 환지를 정하지 않을 수 있다.

해설

① 도시개발사업 시행자가 환지방식으로 사업을 시행하려는 경우 환지설계, 필지별로 된 환지명세, 필지별과 권리별로 된 청산 대상 토지명세, 체비지 또는 보류지를 정한 경우 그 명세는 환지계획에 포함되어야 할 사항이지만, 청산금의 결정은 그렇지 않다.
② 도시개발사업의 시행자는 환지방식이 적용되는 도시개발구역에 있는 조성토지등의 가격을 평가할 때에는 감정평가법인 등의 평가를 거친 후 토지평가협의회의 심의를 거쳐 결정한다.
③ 환지계획에서 정하여진 환지는 그 환지처분의 공고가 있은 날의 다음 날부터 종전의 토지로 본다.
⑤ 토지소유자의 신청 또는 동의가 있는 때에는 당해 토지의 전부 또는 일부에 대하여 환지를 정하지 아니할 수 있다. 다만, 해당 토지에 관하여 임차권자 등이 있는 때에는 그 동의를 받아야 한다.

정답 ④

필살키 039 환지방식

도시개발법령상 환지방식에 관한 설명으로 옳은 것은?

① 토지부담률 산정 시 토지소유자 3분의 1 이상이 동의하는 경우에는 평균 토지부담률을 60% 초과하여 정할 수 있다.
② 환지로 지정된 토지나 건축물을 금전으로 청산하는 내용으로 환지계획을 변경하는 경우에는 변경인가를 받지 않아도 된다.
③ 행정청인 시행자가 환지계획을 정하려고 하는 경우에 해당 토지의 임차권자는 공람기간에 시행자에게 의견서를 제출할 수 없다.
④ 환지예정지의 지정이 있으면 종전의 토지에 대한 임차권등은 종전의 토지에 대해서는 물론 환지예정지에 대해서도 소멸한다.
⑤ 종전 토지의 임차권자는 환지예정지 지정 이후에도 환지처분이 공고되는 날까지 종전의 토지를 사용하거나 수익할 수 있다.

해설

① 토지부담률 산정 시 환지계획구역의 평균 토지부담률은 50%를 초과할 수 없다. 다만, 해당 환지계획구역의 특성을 고려하여 지정권자가 인정하는 경우에는 60%까지로 할 수 있으며, 환지계획구역의 토지소유자 총수의 3분의 2 이상이 동의(시행자가 조합인 경우에는 총회에서 의결권 총수의 3분의 2 이상이 동의한 경우를 말한다)하는 경우에는 60%를 초과하여 정할 수 있다.
③ 행정청인 시행자가 환지계획을 정하려고 하는 경우에 해당 토지의 임차권자는 공람기간에 시행자에게 의견서를 제출할 수 있다.
④ 환지예정지에 대하여는 소멸하지 않는다.
⑤ 종전 토지의 임차권자는 환지예정지 지정 이후에는 환지처분이 공고되는 날까지 종전의 토지를 사용하거나 수익할 수 없다.

정답 ②

필살귀 040   환지처분

도시개발법령상 환지처분에 관한 설명으로 옳은 것은?

① 시행자는 도시개발사업에 관한 공사를 끝낸 경우에는 지체 없이 관보 또는 공보에 이를 공고하고, 공사 관계서류를 일반에게 공람시켜야 한다.
② 지정권자가 시행자인 경우 국토교통부장관의 준공검사를 받은 후 60일 이내에 환지처분을 하여야 한다.
③ 환지계획에 따라 입체환지처분을 받은 자는 환지처분이 공고된 날에 환지계획으로 정하는 바에 따라 건축물의 일부와 해당 건축물이 있는 토지의 공유지분을 취득한다.
④ 체비지로 정해지지 않은 보류지는 환지계획에서 정한 자가 환지처분이 공고된 날에 해당 소유권을 취득한다.
⑤ 도시개발사업의 시행으로 행사할 이익이 없어진 지역권은 환지처분이 공고된 날의 다음 날이 끝나는 때에 소멸한다.

해설

② 지정권자가 시행자인 경우 그 시행자는 준공검사를 받지 아니하고 도시개발사업의 공사를 완료한 때에 공사완료공고를 하여야 하며, 공사완료공고가 있는 때에는 60일 이내에 환지처분을 하여야 한다.
③ 환지계획에 따라 입체환지처분을 받은 자는 환지처분이 공고된 날의 다음 날에 환지계획으로 정하는 바에 따라 건축물의 일부와 해당 건축물이 있는 토지의 공유지분을 취득한다.
④ 체비지로 정해지지 않은 보류지는 환지계획에서 정한 자가 환지처분이 공고된 날의 다음 날에 해당 소유권을 취득한다.
⑤ 도시개발구역의 토지에 대한 지역권은 환지처분에도 불구하고 종전의 토지에 존속한다. 다만, 도시개발사업의 시행으로 행사할 이익이 없어진 지역권은 환지처분이 공고된 날이 끝나는 때에 소멸한다.

+PLUS 환지처분의 절차

공사완료의 공고 및 공람	시행자는 환지방식으로 도시개발사업에 관한 공사를 끝낸 경우에는 지체 없이 이를 공고하고 공사 관계서류를 14일 이상 일반에게 공람시켜야 한다.
의견서 제출	도시개발구역의 토지소유자나 이해관계인은 공람 기간에 시행자에게 의견서를 제출할 수 있으며, 의견서를 받은 시행자는 공사 결과와 실시계획 내용에 맞는지를 확인하여 필요한 조치를 하여야 한다.
준공검사 또는 공사완료	시행자는 공람 기간에 의견서의 제출이 없거나 제출된 의견서에 따라 필요한 조치를 한 경우에는 지정권자에 의한 준공검사를 신청하거나 도시개발사업의 공사를 끝내야 한다.
환지처분 공고	① 시행자는 지정권자에 의한 준공검사를 받은 경우(지정권자가 시행자인 경우에는 공사완료공고가 있는 때)에는 60일 이내에 환지처분을 하여야 한다. ② 시행자는 환지처분을 하려는 경우에는 환지계획에서 정한 사항을 토지소유자에게 알리고 대통령령으로 정하는 바(사업의 명칭, 사업비 정산내역 등)에 따라 이를 공고하여야 한다.

정답 ①

필살키 041 도시개발채권 및 비용부담

도시개발법령상 도시개발채권 및 비용부담에 관한 설명으로 옳은 것은?

① 도시개발채권의 소멸시효는 상환일부터 기산하여 원금은 5년, 이자는 2년으로 한다.
② 도시개발채권은 기명으로 발행할 수 있으며, 발행방법에 필요한 세부적인 사항은 시·도의 조례로 정한다.
③ 도시개발채권의 상환은 3년부터 10년까지의 범위에서 기획재정부장관이 따로 정하여 고시한다.
④ 도시개발채권을 발행하는 경우 발행총액, 상환방법 및 절차에 대하여 국토교통부장관의 승인을 받아야 한다.
⑤ 도시개발조합은 토지 등의 매수대금의 일부를 지급하기 위하여 사업시행으로 조성된 토지·건축물로 상환하는 도시개발채권을 발행할 수 있다.

해설

② 도시개발채권은 무기명으로 발행할 수 있으며, 발행방법에 필요한 세부적인 사항은 시·도의 조례로 정한다.
③ 도시개발채권의 상환은 5년부터 10년까지의 범위에서 지방자치단체의 조례로 정한다.
④ 도시개발채권을 발행하는 경우 발행총액에 대하여 행정안전부장관의 승인을 받아야 한다.
⑤ 도시개발조합이 아니라 지방자치단체의 장(시·도지사)은 도시개발사업이나 도시·군계획시설사업에 필요한 자금을 조달하기 위하여 도시개발채권을 발행할 수 있다.

+PLUS 도시개발채권 발행방법 등

발행방법	도시개발채권은 「주식·사채 등의 전자등록에 관한 법률」에 따라 전자등록하여 발행하거나 무기명으로 발행할 수 있으며, 발행방법에 필요한 세부적인 사항은 시·도의 조례로 정한다.
발행이율	도시개발채권의 이율은 채권의 발행 당시의 국채·공채 등의 금리와 특별회계의 상황 등을 고려하여 해당 시·도의 조례로 정한다.
상환기간	도시개발채권의 상환은 5년부터 10년까지의 범위에서 지방자치단체의 조례로 정한다.
사무취급기관	도시개발채권의 매출 및 상환업무의 사무취급기관은 해당 시·도지사가 지정하는 은행 또는 「자본시장과 금융투자업에 관한 법률」에 따라 설립된 한국예탁결제원으로 한다.
보관·제시	매입필증을 제출받는 자는 매입자로부터 제출받은 매입필증을 5년간 따로 보관하여야 하며, 지방자치단체의 장이나 도시개발채권 사무취급기관 그 밖에 관계기관의 요구가 있는 때에는 이를 제시하여야 한다.

정답 ①

PART 03 도시 및 주거환경정비법

17·18·23·24·27·28·32·34회 합격서 p.80

필살키 042 용어의 정의

도시 및 주거환경정비법령상의 용어 및 내용에 관한 설명으로 옳은 것은?

① 노후·불량건축물이란 주변 토지의 이용 상황 등에 비추어 주거환경이 불량한 곳에 위치하고, 건축물을 철거하고 새로운 건축물을 건설하는 경우 건설에 드는 비용과 비교하여 효용의 현저한 감소가 예상되는 건축물을 말한다.
② 재건축사업은 도시저소득 주민이 집단거주하는 지역으로서 정비기반시설이 극히 열악하고 노후·불량건축물이 과도하게 밀집한 지역의 주거환경을 개선하거나 단독주택 및 다세대주택이 밀집한 지역에서 정비기반시설과 공동이용시설 확충을 통하여 주거환경을 보전·정비·개량하기 위한 사업이다.
③ 재개발사업에 있어서 토지등소유자는 토지 또는 건축물의 소유자 또는 그 지상권자이다.
④ 정비기반시설에는 광장, 놀이터, 탁아소, 마을회관, 공동으로 사용하는 구판장, 하천, 공공공지, 공동작업장, 공용주차장, 공원이 포함된다.
⑤ 재개발사업은 정비기반시설은 양호하나 노후·불량건축물에 해당하는 공동주택이 밀집한 지역에서 주거환경을 개선하기 위한 사업이다.

해설

① 노후·불량건축물이란 주변 토지의 이용 상황 등에 비추어 주거환경이 불량한 곳에 위치하고, 건축물을 철거하고 새로운 건축물을 건설하는 경우 건설에 드는 비용과 비교하여 효용의 현저한 증가가 예상되는 건축물을 말한다.
② 주거환경개선사업은 도시저소득 주민이 집단거주하는 지역으로서 정비기반시설이 극히 열악하고 노후·불량건축물이 과도하게 밀집한 지역의 주거환경을 개선하거나 단독주택 및 다세대주택이 밀집한 지역에서 정비기반시설과 공동이용시설 확충을 통하여 주거환경을 보전·정비·개량하기 위한 사업이다.
④ 정비기반시설에는 광장, 하천, 공공공지, 공용주차장, 공원이 해당하지만, 놀이터, 탁아소, 마을회관, 공동으로 사용하는 구판장, 공동작업장은 공동이용시설에 속한다.
⑤ 재건축사업은 정비기반시설은 양호하나 노후·불량건축물에 해당하는 공동주택이 밀집한 지역에서 주거환경을 개선하기 위한 사업으로 조합이 시행하거나 조합이 조합원의 과반수의 동의를 받아 시장·군수등, 토지주택공사등, 건설업자 또는 등록사업자와 공동으로 시행하는 사업이다.

+PLUS 정비사업의 종류

재건축사업	정비기반시설은 양호하나 노후·불량건축물에 해당하는 공동주택이 밀집한 지역에서 주거환경을 개선하기 위한 사업
공공재건축사업	시장·군수등 또는 토지주택공사등이 재건축사업의 시행자나 재건축사업의 대행자일 것
재개발사업	정비기반시설이 열악하고 노후·불량건축물이 밀집한 지역에서 주거환경을 개선하거나 상업지역·공업지역 등에서 도시기능의 회복 및 상권활성화 등을 위하여 도시환경을 개선하기 위한 사업
공공재개발사업	시장·군수등 또는 토지주택공사등이 주거환경개선사업의 시행자, 재개발사업의 시행자나 재개발사업의 대행자일 것

정답 ③

필살키 043 도시·주거환경정비기본계획

도시 및 주거환경정비법령상 도시·주거환경정비기본계획(이하 '기본계획') 및 정비계획에 관한 설명으로 옳은 것은?

① 국토교통부장관은 기본계획에 대하여는 5년마다 그 타당성 여부를 검토하여 그 결과를 기본계획에 반영하여야 한다.
② 기본계획의 수립권자는 기본계획을 수립한 때에는 14일 이내에 이를 해당 지방자치단체의 공보에 고시하고 일반인이 열람할 수 있도록 하여야 한다.
③ 기본계획에는 산업의 유치업종 및 배치계획, 사회복지시설 및 주민문화시설 등의 설치계획이 포함되어야 하지만, 건폐율·용적률 등에 관한 건축물의 밀도계획은 포함되지 않는다.
④ 대도시의 시장이 아닌 시장은 기본계획의 내용 중 정비사업의 계획기간을 단축하는 경우, 단계별 정비사업추진계획을 변경하는 때에는 도지사의 승인을 받아야 한다.
⑤ 도지사가 대도시가 아닌 시로서 기본계획을 수립할 필요가 없다고 인정하는 시에 대하여는 기본계획을 수립하지 아니할 수 있다.

해설

① 특별시장·광역시장·특별자치시장·특별자치도지사 또는 시장(기본계획 수립권자)은 기본계획에 대하여 5년마다 타당성 여부를 검토하여 그 결과를 기본계획에 반영하여야 한다.
② 기본계획의 수립권자는 기본계획을 수립한 때에는 지체 없이 이를 해당 지방자치단체의 공보에 고시하고 일반인이 열람할 수 있도록 하여야 한다.
③ 기본계획에는 사회복지시설 및 주민문화시설 등의 설치계획, 건폐율·용적률 등에 관한 건축물의 밀도계획은 포함되어야 하지만, 산업의 유치업종 및 배치계획은 기본계획에 포함되지 않는다.
④ 대도시의 시장이 아닌 시장은 기본계획의 내용 중 정비사업의 계획기간을 단축하는 경우, 단계별 정비사업추진계획을 변경하는 때에는 도지사의 승인을 받지 아니할 수 있다.

➕PLUS 기본계획의 수립

수립권자	원칙	특별시장·광역시장·특별자치시장·특별자치도지사 또는 시장은 관할 구역에 대하여 도시·주거환경정비기본계획(이하 '기본계획')을 10년 단위로 수립하여야 한다.
	예외	도지사가 대도시가 아닌 시로서 기본계획을 수립할 필요가 없다고 인정하는 시에 대하여는 기본계획을 수립하지 아니할 수 있다.
타당성 검토		특별시장·광역시장·특별자치시장·특별자치도지사 또는 시장(기본계획의 수립권자)은 기본계획에 대하여 5년마다 타당성을 검토하여 그 결과를 기본계획에 반영하여야 한다.

정답 ⑤

필살키 044 재건축사업의 재건축진단

도시 및 주거환경정비법령상 재건축사업을 위한 재건축진단에 관한 설명으로 옳은 것은?

① 시장·군수등은 정비예정구역별 정비계획의 수립시기가 도래한 때부터 사업시행계획인가 전까지 재건축진단을 실시하여야 한다.
② 시장·군수등은 정비계획의 입안을 요청하려는 자가 입안을 요청하기 전에 해당 정비예정구역 또는 사업예정구역에 위치한 건축물 및 그 부속토지의 소유자 50분의 1 이상의 동의를 받아 재건축진단의 실시를 요청하는 경우에는 재건축진단을 실시하여야 한다. 이 경우 시장·군수등은 재건축진단에 드는 비용을 해당 재건축진단의 실시를 요청하는 자에게 부담하게 할 수 없다.
③ 재건축사업의 재건축진단은 주택만을 대상으로 한다. 다만, 대통령령으로 정하는 주택인 경우에는 재건축진단 대상에서 제외할 수 있다.
④ 재건축진단을 의뢰받은 재건축진단기관은 국토교통부장관이 정하여 고시하는 기준(건축물의 내진성능 확보를 위한 비용을 포함)에 따라 재건축진단을 실시하여야 하며, 국토교통부령으로 정하는 방법 및 절차에 따라 재건축진단 결과보고서를 작성하여 국토교통부장관에게 제출하여야 한다.
⑤ 시장·군수등은 재건축진단의 결과만 검토하여 사업시행계획인가 여부를 결정하여야 한다.

해설

② 시장·군수등은 정비계획의 입안을 요청하려는 자가 입안을 요청하기 전에 해당 정비예정구역 또는 사업예정구역에 위치한 건축물 및 그 부속토지의 소유자 10분의 1 이상의 동의를 받아 재건축진단의 실시를 요청하는 경우에는 재건축진단을 실시하여야 한다. 이 경우 시장·군수등은 재건축진단에 드는 비용을 해당 재건축진단의 실시를 요청하는 자에게 부담하게 할 수 있다.
③ 재건축사업의 재건축진단은 주택단지(연접한 단지를 포함)의 건축물을 대상으로 한다. 다만, 대통령령으로 정하는 주택단지의 건축물인 경우에는 재건축진단 대상에서 제외할 수 있다.
④ 재건축진단을 의뢰받은 재건축진단기관은 국토교통부장관이 정하여 고시하는 기준(건축물의 내진성능 확보를 위한 비용을 포함)에 따라 재건축진단을 실시하여야 하며, 국토교통부령으로 정하는 방법 및 절차에 따라 재건축진단 결과보고서를 작성하여 시장·군수등 및 재건축진단의 실시를 요청한 자에게 제출하여야 한다.
⑤ 시장·군수등은 재건축진단의 결과와 도시계획 및 지역여건 등을 종합적으로 검토하여 사업시행계획인가 여부를 결정하여야 한다.

정답 ①

필살키 045 정비사업의 시행방식

도시 및 주거환경정비법령상 정비사업의 시행방식으로 허용되는 것은?

① 재건축사업: 인가받은 관리처분계획에 따라 주택 및 부대시설·복리시설을 건설하여 공급하는 방법과 환지로 공급하는 방법을 혼용하는 방법
② 재개발사업: 사업시행자가 정비구역의 전부 또는 일부를 수용하여 주택을 건설한 후 토지등소유자에게 우선 공급하거나 대지를 토지등소유자 또는 토지등소유자 외의 자에게 공급하는 방법
③ 재건축사업: 건축물을 건설하여 공급하는 경우 주택, 부대시설 및 복리시설을 제외한 건축물(공동주택 외 건축물)은 「국토의 계획 및 이용에 관한 법률」에 따른 일반주거지역에서만 건설할 수 있으며, 그 연면적은 전체 건축물 연면적의 100분의 40 이하이어야 한다.
④ 재건축사업: 정비구역에서 인가받은 관리처분계획에 따라 건축물을 건설하여 공급하거나 환지로 공급하는 방법
⑤ 주거환경 개선사업: 사업시행자가 정비구역에서 정비기반시설 및 공동이용시설을 새로 설치하거나 확대하고 토지등소유자가 스스로 주택을 보전·정비·개량하는 방법 및 환지로 공급하는 방법을 혼용하는 방법

해설
① 인가받은 관리처분계획에 따라 주택 및 부대·복리시설을 건설하여 공급하는 방법과 환지로 공급하는 방법을 혼용하는 방법은 주거환경개선사업이다.
② 사업시행자가 정비구역의 전부 또는 일부를 수용하여 주택을 건설한 후 토지등소유자에게 우선 공급하거나 대지를 토지등소유자 또는 토지등소유자 외의 자에게 공급하는 방법은 주거환경개선사업이다.
③ 재건축사업에서 건축물을 건설하여 공급하는 경우 주택, 부대시설 및 복리시설을 제외한 건축물(공동주택 외 건축물)은 「국토의 계획 및 이용에 관한 법률」에 따른 준주거지역 및 상업지역에서만 건설할 수 있으며, 그 연면적은 전체 건축물 연면적의 100분의 30 이하이어야 한다.
④ 정비구역에서 인가받은 관리처분계획에 따라 건축물을 건설하여 공급하거나 환지로 공급하는 방법은 재개발사업이다.

+PLUS 정비사업의 사업시행방법

정비사업	시행방법	
주거환경 개선사업	① 사업시행자가 정비구역에서 정비기반시설 및 공동이용시설을 새로 설치하거나 확대하고 토지등소유자가 스스로 주택을 보전·정비하거나 개량하는 방법	현지개량 방법
	② 사업시행자가 정비구역의 전부 또는 일부를 수용하여 주택을 건설한 후 토지등소유자에게 우선 공급하거나 대지를 토지등소유자 또는 토지등소유자 외의 자에게 공급하는 방법	수용방법
	③ 사업시행자가 환지로 공급하는 방법	환지방법
	④ 사업시행자가 정비구역에서 인가받은 관리처분계획에 따라 주택 및 부대시설·복리시설을 건설하여 공급하는 방법	관리처분 방법
재개발 사업	정비구역에서 인가받은 관리처분계획에 따라 건축물을 건설하여 공급하거나 환지로 공급하는 방법으로 한다.	관리처분 방법, 환지방법
재건축 사업	정비구역에서 인가받은 관리처분계획에 따라 건축물을 건설하여 공급하는 방법으로 한다.	관리처분 방법

정답 ⑤

필살키 046 정비사업시행 및 사업시행자

도시 및 주거환경정비법령상 정비사업시행 및 사업시행자등에 관한 설명으로 옳은 것은?

① 재개발사업시행자는 선정된 시공자와 공사에 관한 계약을 체결할 때에는 기존 건축물의 철거공사에 관한 사항은 포함하여야 한다.
② 재개발사업조합은 조합설립인가를 받은 후 조합총회에서 수의계약의 방법으로만 건설업자 또는 등록사업자를 시공자로 선정하여야 한다. 또한 재건축사업조합도 동일하다.
③ 정비사업의 사업대행자는 사업시행자에게 청구할 수 있는 보수에 대한 권리로써 사업시행자에게 귀속될 건축물을 압류할 수 없다.
④ 재건축사업은 조합이 시행하거나 조합이 조합원 3분의 1 이상의 동의를 받아 시장·군수등, 토지주택공사등, 건설업자 또는 등록사업자와 공동으로 시행할 수 있다.
⑤ 시장·군수등이 아닌 사업대행자는 사업시행자에게 재산상의 부담을 가하는 행위를 하고자 하는 때에는 미리 시장·군수등에게 신고하여야 한다.

해설
② 재개발사업조합은 조합설립인가를 받은 후 조합총회에서 <u>경쟁입찰 또는 수의계약(2회 이상 경쟁입찰이 유찰된 경우로 한정)의 방법</u>으로 건설업자 또는 등록사업자를 시공자로 선정하여야 한다. 또한 재건축사업조합도 동일하다.
③ 정비사업의 사업대행자는 사업시행자에게 청구할 수 있는 보수에 대한 권리로써 사업시행자에게 귀속될 건축물을 <u>압류할 수 있다.</u>
④ 재건축사업은 조합이 시행하거나 조합이 <u>조합원의 과반수</u>의 동의를 받아 시장·군수등, 토지주택공사등, 건설업자 또는 등록사업자와 공동으로 시행할 수 있다.
⑤ 시장·군수등이 아닌 사업대행자는 사업시행자에게 재산상의 부담을 가하는 행위를 하고자 하는 때에는 미리 시장·군수등의 <u>승인을 받아야 한다.</u>

정답 ①

필살키 047 조합설립추진위원회

도시 및 주거환경정비법령상 정비사업의 시행을 위한 조합설립추진위원회에 관한 설명으로 옳은 것은?

① 재건축사업의 추진위원회가 조합을 설립하고자 하는 때에는 법령상 요구되는 토지등소유자의 동의를 받아 시장·군수등에게 신고하여야 한다.
② 조합설립추진위원회의 조합설립을 위한 토지등소유자의 동의는 구두로도 할 수 있다.
③ 추진위원회가 행한 업무와 관련된 권리·의무는 조합이 포괄승계한다.
④ 추진위원회는 토지등소유자 과반수의 동의를 받아 위원장을 포함한 10명 이상의 위원으로 구성한다.
⑤ 동의의 철회나 반대의 의사표시는 철회서가 동의의 상대방에게 도달한 때 또는 시장·군수등이 동의의 상대방에게 철회서가 접수된 사실을 통지한 때 중 늦은 때에 효력이 발생한다.

해설
① 재건축사업의 추진위원회가 조합을 설립하고자 하는 때에는 법령상 요구되는 토지등소유자의 동의를 받아 시장·군수등에게 <u>설립인가를 받아야 한다.</u>
② 조합설립추진위원회의 조합설립을 위한 토지등소유자의 동의는 <u>서면동의서에 토지등소유자가 성명을 적고 지장을 날인하는 방법</u>으로 하며, 주민등록증, 여권 등 신원을 확인할 수 있는 신분증명서의 사본을 첨부하여야 한다.
④ 추진위원회는 토지등소유자 과반수의 동의를 받아 위원장을 포함한 <u>5명</u> 이상의 위원으로 구성한다.
⑤ 동의의 철회나 반대의 의사표시는 철회서가 동의의 상대방에게 도달한 때 또는 시장·군수등이 동의의 상대방에게 철회서가 접수된 사실을 통지한 때 중 <u>빠른 때에 효력이 발생한다.</u>

정답 ③

필살키 048 조합

도시 및 주거환경정비법령상 조합에 관한 설명으로 옳은 것은?

① 조합원의 자격에 관한 사항, 대의원의 수 및 선임절차, 정비사업 예정구역의 위치 및 면적, 조합의 비용부담 및 조합의 회계, 시공자·설계자의 선정 및 계약서에 포함될 내용에 대하여 정관을 변경하고자 하는 경우 총회에서 조합원 과반수 찬성으로 한다.
② 조합의 정관에는 정비구역의 위치 및 면적, 대의원의 수, 대의원 선임방법, 청산금 분할징수 여부의 결정, 조합 상근임원 보수에 관한 사항이 포함되어야 한다.
③ 재건축사업의 추진위원회가 조합을 설립하려는 때에는 법령상 요구되는 토지등소유자의 동의를 받아 시장·군수등에게 신고하여야 한다.
④ 토지등소유자가 재개발사업을 시행하려는 경우에는 토지등소유자로 구성된 조합을 설립하여야만 한다.
⑤ 정비사업비가 100분의 10(생산자물가상승률분, 분양신청을 하지 아니한 자 등에 대한 조치에 따른 손실보상금액은 제외) 이상 늘어나는 경우에는 조합원 과반수의 찬성으로 의결하여야 한다.

③ 재건축사업의 추진위원회가 조합을 설립하려는 때에는 법령상 요구되는 토지등소유자의 동의를 받아 시장·군수등에게 설립인가를 받아야 한다.
④ 재개발사업은 토지등소유자가 20인 미만인 경우에는 토지등소유자가 시행하거나 토지등소유자가 토지등소유자의 과반수의 동의를 받아 시장·군수등, 토지주택공사등, 건설업자, 등록사업자 또는 「자본시장과 금융투자업에 관한 법률」에 따른 신탁업자와 「한국부동산원법」에 따른 한국부동산원 등과 공동으로 시행하는 방법으로 할 수 있다. 따라서 재개발사업은 조합을 설립하지 아니할 수 있다.
⑤ 정비사업비가 100분의 10(생산자물가상승률분, 분양신청을 하지 아니한 자 등에 대한 조치에 따른 손실보상금액은 제외) 이상 늘어나는 경우에는 조합원 3분의 2 이상의 찬성으로 의결하여야 한다.

+PLUS 조합임원의 결격사유 및 해임

결격사유	다음의 어느 하나에 해당하는 자는 조합임원 또는 전문조합관리인이 될 수 없다. ① 미성년자·피성년후견인 또는 피한정후견인 ② 파산선고를 받고 복권되지 아니한 자 ③ 금고 이상의 실형을 선고받고 그 집행이 종료(종료된 것으로 보는 경우를 포함)되거나 집행이 면제된 날부터 2년이 지나지 아니한 자 ④ 금고 이상의 형의 집행유예를 받고 그 유예기간 중에 있는 자 ⑤ 「도시 및 주거환경정비법」을 위반하여 벌금 100만원 이상의 형을 선고받고 10년이 지나지 아니한 자
퇴임	조합임원이 다음의 어느 하나에 해당하는 경우에는 당연 퇴임한다. ① 조합임원이 결격사유에 해당하게 되거나 선임 당시 그에 해당하는 자이었음이 밝혀진 경우 ② 조합임원이 자격요건을 갖추지 못한 경우
퇴임 전 행위의 효력	퇴임된 임원이 퇴임 전에 관여한 행위는 그 효력을 잃지 아니한다.

해설

① 조합이 정관을 변경하려는 경우에는 총회를 개최하여 조합원 과반수의 찬성으로 시장·군수등의 인가를 받아야 한다. 다만, 조합원의 자격에 관한 사항, 정비구역의 위치 및 면적, 조합의 비용부담 및 조합의 회계, 시공자·설계자의 선정 및 계약서에 포함될 내용에 대하여 정관을 변경하고자 하는 경우 총회에서 조합원 3분의 2 이상의 찬성으로 한다. 대의원의 수 및 선임절차의 변경은 총회를 개최하여 조합원 과반수의 찬성으로 시장·군수등의 인가를 받아야 정관을 변경할 수 있다.

정답 ②

필살키 049 정비사업시행을 위한 조치

도시 및 주거환경정비법령상 정비사업을 조합이 시행하는 경우에 관한 설명으로 옳은 것은?

① 정비사업의 시행으로 그 설정목적을 달성할 수 없게 된 전세권자는 계약을 해지하고 사업시행자에게 전세금반환청구권을 행사할 수 있다.
② 사업시행자는 사업시행인가를 신청하기 전에 미리 총회를 개최하여 조합원 동의를 받아야 하고, 사업을 시행하고자 하는 경우 시장·군수등에게 신고하여야 한다.
③ 사업시행자는 재건축사업의 시행으로 철거되는 주택의 소유자 또는 세입자에게 해당 정비구역 안과 밖에 위치한 임대주택 등의 시설에 임시로 거주하게 하거나 주택자금의 융자를 알선하는 등 임시거주에 상응하는 조치를 하여야 한다.
④ 사업시행자가 재개발사업의 시행으로 철거되는 주택의 소유자 또는 세입자를 위하여 국가의 시설을 임시수용시설로 사용한 경우 그 사용료 또는 대부료를 일정금액만 납부하도록 한다.
⑤ 조합이 시·도지사 또는 토지주택공사등에게 재개발사업의 시행으로 건설된 임대주택의 인수를 요청하는 경우 토지주택공사등이 우선하여 인수하여야 한다.

해설

② 사업시행자는 사업시행인가를 신청하기 전에 미리 총회를 개최하여 조합원 동의를 받아야 하고, 사업을 시행하고자 하는 경우 시장·군수등에게 사업시행인가를 받아야 한다.
③ 사업시행자는 주거환경개선사업 및 재개발사업의 시행으로 철거되는 주택의 소유자 또는 세입자에게 해당 정비구역 안과 밖에 위치한 임대주택 등의 시설에 임시로 거주하게 하거나 주택자금의 융자를 알선하는 등 임시거주에 상응하는 조치를 하여야 한다.
④ 사업시행자가 재개발사업의 시행으로 철거되는 주택의 소유자 또는 세입자를 위하여 국가의 시설을 임시수용시설로 사용한 경우 그 사용료 또는 대부료는 면제된다.
⑤ 조합이 재개발사업의 시행으로 건설된 임대주택의 인수를 요청하는 경우 시·도지사 또는 시장, 군수, 구청장이 우선하여 인수하여야 하며, 시·도지사 또는 시장, 군수, 구청장이 예산·관리인력의 부족 등 부득이한 사정으로 인수하기 어려운 경우에는 국토교통부장관에게 토지주택공사등을 인수자로 지정할 것을 요청할 수 있다.

정답 ①

필살키 050 사업시행계획 등

도시 및 주거환경정비법령상 사업시행계획 등에 관한 설명으로 옳은 것은?

① 사업시행자가 사업시행인가를 받은 후 대지면적을 20%의 범위 안에서 변경하는 경우 시장·군수등에게 신고하여야 한다.
② 시장·군수등은 재개발사업의 사업시행계획인가를 하는 경우 해당 정비사업의 사업시행자가 지정개발자인 때에는 정비사업비의 100분의 20의 범위에서 시·도조례로 정하는 금액을 예치하게 할 수 있다.
③ 주거환경개선사업의 사업시행자가 임시수용을 위하여 지방자치단체의 건축물을 일시 사용하고자 신청한 경우, 그 지방자치단체는 제3자와 이미 매매계약을 체결하였더라도 이를 거절할 수 없다.
④ 시장·군수등은 사업시행계획인가를 하려는 경우에는 관계 서류의 사본을 30일 이상 일반인이 공람할 수 있게 하여야 한다.
⑤ 사업시행자는 정비사업의 공사를 완료한 때에는 완료한 날부터 60일 이내에 임시거주시설을 철거하고, 사용한 건축물이나 토지를 원상회복하여야 한다.

해설

① 사업시행자가 사업시행인가를 받은 후 대지면적을 10%의 범위 안에서 변경하는 경우 시장·군수등에게 신고하여야 한다.
③ 주거환경개선사업 및 재개발사업의 사업시행자가 임시수용을 위하여 지방자치단체의 건축물을 일시 사용하고자 신청한 경우, 그 지방자치단체는 제3자와 이미 매매계약을 체결한 경우에는 이를 거절할 수 있다.
④ 시장·군수등은 사업시행계획인가를 하려는 경우에는 관계 서류의 사본을 14일 이상 일반인이 공람할 수 있게 하여야 한다.
⑤ 사업시행자는 정비사업의 공사를 완료한 때에는 완료한 날부터 30일 이내에 임시거주시설을 철거하고, 사용한 건축물이나 토지를 원상회복하여야 한다.

정답 ②

필살기 051 재건축사업의 관리처분계획

도시 및 주거환경정비법령상 재건축사업의 관리처분계획에 관한 설명으로 옳은 것은?

① 재건축사업의 관리처분의 기준은 조합원 전원의 동의를 받아 따로 정할 수 있다.
② 분양신청기간은 통지한 날부터 30일 이상 60일 이내로 하여야 한다. 다만, 사업시행자는 관리처분계획의 수립에 지장이 없다고 판단하는 경우에는 분양신청기간을 30일의 범위에서 한 차례만 연장할 수 있다.
③ 분양공고에 포함되어야 할 사항으로 분양신청자격, 분양신청방법, 분양신청기간 및 장소, 분양대상자별 분담금의 추산액, 분양대상 대지 또는 건축물의 내역 등이 있다.
④ 시장·군수등은 사업시행자의 관리처분계획인가의 신청이 있는 날부터 20일 이내에 인가 여부를 결정하여 사업시행자에게 통보하여야 한다.
⑤ 재건축사업의 사업시행자는 관리처분계획을 수립하여 시장·군수등의 인가를 받아야 하며, 당해 관리처분계획을 중지하는 경우에는 시장·군수등에게 신고하여야 한다.

해설

② 분양신청기간은 통지한 날부터 30일 이상 60일 이내로 하여야 한다. 다만, 사업시행자는 관리처분계획의 수립에 지장이 없다고 판단하는 경우에는 분양신청기간을 20일의 범위에서 한 차례만 연장할 수 있다.
③ 분양공고에 포함되어야 할 사항으로 분양신청자격, 분양신청방법, 분양신청기간 및 장소, 분양대상 대지 또는 건축물의 내역 등이 있다. 분양대상자별 분담금의 추산액은 분양공고에 포함하지 않고, 토지등소유자에게 분양 통지할 내용에 해당한다.
④ 시장·군수등은 사업시행자의 관리처분계획인가의 신청이 있는 날부터 30일 이내에 인가 여부를 결정하여 사업시행자에게 통보하여야 한다.
⑤ 재건축사업의 사업시행자는 관리처분계획을 수립하여 시장·군수등의 인가를 받아야 하며, 당해 관리처분계획을 중지하는 경우에도 시장·군수등의 인가를 받아야 한다.

정답 ①

필살키 052 관리처분계획 및 관리처분

도시 및 주거환경정비법령상 관리처분계획 및 관리처분에 관한 설명으로 옳은 것은?

① 관리처분계획의 인가·고시가 있은 때에는 종전 토지의 임차권자는 사업시행자의 동의를 받더라도 소유권의 이전고시가 있는 날까지 종전의 토지를 사용할 수 없다.
② 너무 좁은 토지 또는 건축물을 취득한 자나 정비구역 지정 후 분할된 토지 또는 집합건물의 구분소유권을 취득한 자에게는 현금으로 청산할 수 있다.
③ 재개발사업의 관리처분은 정비구역 안의 지상권자에 대한 분양을 포함하여야 한다.
④ 사업시행자는 폐공가의 밀집으로 범죄발생의 우려가 있는 경우 기존 건축물의 소유자의 동의 및 시장·군수등의 허가를 받지 않아도 해당 건축물을 철거할 수 있다.
⑤ 분양설계에 관한 계획은 분양신청기간이 시작하는 날을 기준으로 하여 수립한다.

해설
① 관리처분계획의 고시가 있은 때에는 종전 토지의 임차권자는 사업시행자의 동의를 받은 경우에는 종전의 토지를 사용할 수 있다.
③ 재개발사업의 관리처분은 정비구역 안의 토지등소유자에게 분양하지만, 지상권자는 제외한다.
④ 사업시행자는 폐공가의 밀집으로 범죄발생의 우려가 있는 경우 기존 건축물의 소유자의 동의 및 시장·군수등의 허가를 받아 해당 건축물을 철거할 수 있다.
⑤ 분양설계에 관한 계획은 분양신청기간이 종료되는 날을 기준으로 하여 수립한다.

정답 ②

필살키 053 주택의 공급

도시 및 주거환경정비법령상 주택의 공급 등에 관한 설명으로 옳은 것은?

① 분양대상자별 종전의 토지 또는 건축물 명세 및 사업시행계획인가 고시가 있은 날을 기준으로 한 가격에 따른 가격의 범위 또는 종전주택의 주거전용면적의 범위에서 2주택을 공급할 수 있고, 이 중 1주택은 주거전용면적을 85m^2 이하로 한다.

② 재건축사업의 주택공급과 관련하여 과밀억제권역 이외 지역의 사업지구에 1세대 3주택을 소유한 자가 최대로 공급받을 수 있는 주택의 수는 3주택이다.

③ 근로자(공무원인 근로자를 포함) 숙소, 기숙사 용도로 주택을 소유하고 있는 토지등소유자에게는 3주택까지 공급할 수 있다.

④ 시·도지사의 요청이 있는 경우 국토교통부장관은 인수한 임대주택의 일부를 「주택법」에 따른 토지임대부 분양주택으로 전환하여 공급하여야 한다.

⑤ 같은 세대에 속하지 아니하는 2명 이상이 1주택을 공유한 경우에는 소유자 수만큼 주택을 공급하여야 한다.

해설

① 사업시행인가의 고시가 있은 날을 기준으로 한 가격의 범위 또는 종전주택의 주거전용면적의 범위에서 2주택을 공급할 수 있고, 이 중 1주택은 주거전용면적을 60m^2 이하로 한다. 다만, 60m^2 이하로 공급받은 1주택은 소유권 이전고시일 다음 날부터 3년이 지나기 전에는 주택을 전매하거나 전매를 알선할 수 없다.

③ 근로자(공무원인 근로자를 포함) 숙소, 기숙사 용도로 주택을 소유하고 있는 토지등소유자에게는 소유한 주택 수만큼 주택을 공급할 수 있다.

④ 국토교통부장관, 시·도지사, 시장, 군수, 구청장 또는 토지주택공사등은 정비구역에 세입자와 대통령령으로 정하는 면적 이하의 토지 또는 주택을 소유한 자의 요청이 있는 경우에는 인수한 임대주택의 일부를 「주택법」에 따른 토지임대부 분양주택으로 전환하여 공급하여야 한다.

⑤ 1세대 또는 1명이 하나 이상의 주택 또는 토지를 소유한 경우 1주택을 공급하고, 같은 세대에 속하지 아니하는 2명 이상이 1주택 또는 1토지를 공유한 경우에도 1주택만 공급한다.

정답 ②

필살키 054 지분형주택의 공급

도시 및 주거환경정비법령상 지분형주택의 공급에 관한 설명으로 옳은 것은?

① 사업시행자가 토지주택공사등인 경우에는 분양대상자와 사업시행자가 공동 소유하는 방식으로 지분형주택을 공급할 수 있다.
② 지분형주택의 규모는 주거전용면적 85m² 이하인 주택으로 한정한다.
③ 지분형주택의 공동 소유기간은 소유권을 취득한 날부터 40년의 범위에서 사업시행자가 정하는 기간으로 한다.
④ 세대주로서 정비계획의 공람 공고일 당시 해당 정비구역에 5년 이상 실제 거주한 사람으로서 정비사업의 시행으로 철거되는 주택 외 다른 주택을 소유하지 아니한 사람이어야 지분형주택의 분양대상자에 해당된다.
⑤ 지분형주택의 공급방법·절차, 지분 취득비율, 지분 사용료 및 지분 취득가격 등에 관하여 필요한 사항은 국토교통부장관이 따로 정한다.

해설

② 지분형주택의 규모는 주거전용면적 60m² 이하인 주택으로 한정한다.
③ 지분형주택의 공동 소유기간은 소유권을 취득한 날부터 10년의 범위에서 사업시행자가 정하는 기간으로 한다.
④ 세대주로서 정비계획의 공람 공고일 당시 해당 정비구역에 2년 이상 실제 거주한 사람으로서 정비사업의 시행으로 철거되는 주택 외 다른 주택을 소유하지 아니한 사람이어야 지분형주택의 분양대상자에 해당된다.
⑤ 지분형주택의 공급방법·절차, 지분 취득비율, 지분 사용료 및 지분 취득가격 등에 관하여 필요한 사항은 사업시행자가 따로 정한다.

정답 ①

필살키 055 공사완료에 따른 조치

도시 및 주거환경정비법령상 공사완료에 따른 조치 등에 관한 설명으로 옳은 것은?

① 관리처분계획을 수립하는 경우 정비구역의 지정은 이전고시가 있은 날에 해제된 것으로 본다.
② 시장·군수등은 준공인가 전 사용허가를 하는 때에는 동별·세대별 또는 구획별로 사용허가를 할 수 없다.
③ 관리처분계획에 따라 소유권을 이전하는 경우 건축물을 분양받을 자는 이전에 관한 내용을 공보에 고시한 날에 그 건축물의 소유권을 취득한다.
④ 정비사업에 의하여 건축물을 분양받을 자에게 소유권을 이전한 경우 종전의 건축물에 설정된 저당권 등 등기된 권리는 소유권을 이전받은 건축물에 설정되지 않고 소멸된 것으로 본다.
⑤ 사업시행자인 지방공사가 정비사업 공사를 완료한 때에는 시장·군수등의 준공인가를 받아야 하지만, 정비사업의 시행자가 시장·군수등인 경우에는 정비사업에 관한 공사를 완료한 때에는 그 완료를 해당 지방자치단체의 공보에 고시하여야 한다.

해설

① 관리처분계획을 수립하는 경우 정비구역의 지정은 이전고시가 있은 날의 다음 날에 해제된 것으로 본다.
② 시장·군수등은 준공인가 전 사용허가를 하는 때에는 동별·세대별 또는 구획별로 사용허가를 할 수 있다.
③ 관리처분계획에 따라 소유권을 이전하는 경우 건축물을 분양받을 자는 이전고시가 있은 날의 다음 날에 그 건축물의 소유권을 취득한다.
④ 정비사업에 의하여 건축물을 분양받을 자에게 소유권을 이전한 경우 종전의 건축물에 설정된 저당권 등 등기된 권리는 소유권을 이전받은 건축물에 설정된 것으로 본다.

정답 ⑤

필살키 056 청산금

도시 및 주거환경정비법령상 정비사업의 청산금에 관한 설명으로 옳은 것은?

① 정비사업의 시행지역 안에 있는 건축물에 저당권을 설정한 권리자는 그 건축물의 소유자가 지급받을 청산금에 대하여 청산금을 지급하기 전에 압류절차를 거쳐 저당권을 행사할 수 없다.
② 종전에 소유하고 있던 토지의 가격과 분양받은 대지의 가격은 그 토지의 규모·위치·용도·이용상황·정비사업비 등을 참작하여 평가하여야 한다.
③ 청산금을 납부할 자가 이를 납부하지 아니하는 경우에는 시장·군수등이 아닌 사업시행자는 시장·군수등에게 청산금의 징수를 위탁할 수 있다. 이 경우 사업시행자는 징수한 금액의 100분의 10에 해당하는 금액을 당해 시장·군수등에게 지급하여야 한다.
④ 조합 총회의 의결을 거쳐 정한 경우에는 관리처분계획인가 전부터 소유권 이전의 고시일까지 청산금을 분할징수할 수 있다.
⑤ 청산금을 지급받을 권리는 소유권 이전고시일로부터 5년간 이를 행사하지 아니하면 소멸한다.

해설

① 정비사업의 시행지역 안에 있는 건축물에 저당권을 설정한 권리자는 그 건축물의 소유자가 지급받을 청산금에 대하여 청산금을 지급하기 전에 압류절차를 거쳐 저당권을 행사할 수 있다.
③ 청산금을 납부할 자가 이를 납부하지 아니하는 경우에는 시장·군수등인 사업시행자는 지방세체납처분의 예에 의하여 이를 징수(분할징수를 포함한다)할 수 있으며, 시장·군수등이 아닌 사업시행자는 시장·군수등에게 청산금의 징수를 위탁할 수 있다. 이 경우 사업시행자는 징수한 금액의 100분의 4에 해당하는 금액을 당해 시장·군수등에게 지급하여야 한다.
④ 조합 총회의 의결을 거쳐 정한 경우에는 관리처분계획인가 후부터 소유권 이전의 고시일까지 청산금을 분할징수할 수 있다.
⑤ 청산금을 지급받을 권리는 소유권 이전고시일 다음 날부터 5년간 이를 행사하지 아니하면 소멸한다.

정답 ②

PART 04 건축법

18·20·23·24·27·28회 합격서 pp.108~109

필살키 057 용어의 정의

건축법령상 용어에 관한 설명으로 옳은 것은?

① 지하의 공작물에 설치하는 점포는 '건축물'에 해당하지 않는다.
② 방화벽 또는 방화구획을 위한 바닥 또는 벽을 수선 또는 변경하면 대수선이 된다.
③ '개축'이란 기존 건축물의 전부 또는 일부(내력벽·기둥·보·지붕틀 중 하나 이상이 포함되는 경우를 말한다)를 해체하고 그 대지에 종전과 같은 규모의 범위에서 건축물을 다시 축조하는 것을 말한다.
④ 주요구조부에 해당하는 것은 사이기둥, 작은 보, 차양, 지붕틀, 옥외계단, 주계단, 최하층 바닥 등이다.
⑤ 운수시설 중 여객용시설로 쓰는 바닥면적의 합계가 3천m²이고 15층인 건축물은 다중이용건축물에 해당된다.

+PLUS 건축행위

신축	① 건축물이 없는 대지(기존 건축물이 해체되거나 멸실된 대지를 포함)에 새로 건축물을 축조하는 것을 말한다. ② 부속건축물만 있는 대지에 새로 주된 건축물을 축조하는 것도 신축이며, 개축 또는 재축하는 것은 제외한다.
증축	기존 건축물이 있는 대지에서 건축물의 건축면적, 연면적, 층수 또는 높이를 늘리는 것을 말한다.
개축	기존 건축물의 전부 또는 일부(내력벽, 기둥, 보, 지붕틀 중 셋 이상이 포함되는 경우)를 해체하고 그 대지에 종전과 같은 규모의 범위에서 건축물을 다시 축조하는 것을 말한다.
재축	건축물이 천재지변이나 그 밖의 재해(災害)로 멸실된 경우 그 대지에 다음의 요건을 모두 갖추어 다시 축조하는 것을 말한다. ① 연면적 합계는 종전 규모 이하로 할 것 ② 동(棟)수, 층수 및 높이는 다음의 어느 하나에 해당할 것 　㉠ 동수, 층수 및 높이가 모두 종전 규모 이하일 것 　㉡ 동수, 층수 또는 높이의 어느 하나가 종전 규모를 초과하는 경우에는 해당 동수, 층수 및 높이가 「건축법」, 「건축법 시행령」 또는 건축조례에 모두 적합할 것
이전	건축물의 주요구조부를 해체하지 아니하고 같은 대지의 다른 위치로 옮기는 것을 말한다.

해설

① 지하나 고가(高架)의 공작물에 설치하는 사무소·공연장·점포·차고·창고, 그 밖에 대통령령으로 정하는 것은 '건축물'에 해당한다.
③ '개축'이란 기존 건축물의 전부 또는 일부(내력벽·기둥·보·지붕틀 중 셋 이상이 포함되는 경우를 말한다)를 해체하고 그 대지에 종전과 같은 규모의 범위에서 건축물을 다시 축조하는 것을 말한다.
④ 주요구조부에 해당하는 것은 바닥, 지붕틀, 보, 내력벽, 주계단, 기둥 등이다. 사이기둥, 작은보, 차양, 옥외계단, 최하층바닥 등은 해당되지 않는다.
⑤ 운수시설 중 여객용시설로 쓰는 바닥면적 합계가 5천 m² 이상이거나 16층 이상인 건축물은 다중이용건축물에 해당된다.

정답 ②

필살키 058 건축법의 적용

건축법령상 「건축법」의 적용에 관한 설명으로 옳은 것은?

① 「문화유산의 보존 및 활용에 관한 법률」에 따른 지정문화유산이나 임시지정문화유산인 건축물은 「건축법」이 일부 적용되지 않는다.
② 고속도로 통행료 징수시설을 건축하는 경우에는 「건축법」상 대지의 분할제한 규정이 적용된다.
③ 철도의 선로부지에 있는 플랫폼을 건축하는 경우에는 「건축법」상 건폐율 규정이 적용된다.
④ 지구단위계획구역이 아닌 계획관리지역으로서 동이나 읍이 아닌 지역에서는 「건축법」상 건축선에 의한 건축제한 규정이 적용된다.
⑤ 지구단위계획구역이 아닌 계획관리지역으로서 동이나 읍이 아닌 지역에서는 「건축법」상 용적률 규정이 적용된다.

해설

① 「문화유산의 보존 및 활용에 관한 법률」에 따른 지정문화유산이나 임시지정문화유산인 건축물은 「건축법」이 모두 적용되지 않는다.
② 고속도로 통행료 징수시설을 건축하는 경우에는 「건축법」상 대지의 분할제한 규정이 적용되지 않는다.
③ 철도의 선로부지에 있는 플랫폼을 건축하는 경우에는 「건축법」상 건폐율 규정이 적용되지 않는다.
④ 지구단위계획구역이 아닌 계획관리지역으로서 동이나 읍이 아닌 지역에서는 「건축법」상 건축선에 의한 건축제한 규정이 적용되지 않는다.

+PLUS 「건축법」 전부를 적용하지 않는 건축물

1. 컨테이너를 이용한 간이창고(산업집적활성화 및 공장설립에 관한 법률에 따른 공장의 용도로만 사용되는 건축물의 대지 안에 설치하는 것으로서 이동이 쉬운 것만 해당)
2. 고속도로 통행료 징수시설
3. 「문화유산의 보존 및 활용에 관한 법률」에 따른 지정문화유산이나 임시지정문화유산 또는 「자연유산의 보존 및 활용에 관한 법률」에 따라 지정된 천연기념물등이나 임시지정천연기념물, 임시지정명승, 임시지정시·도자연유산, 임시자연유산자료
4. 철도나 궤도의 선로부지에 있는 다음의 시설
   ① 운전보안시설
   ② 철도선로의 위나 아래를 가로지르는 보행시설
   ③ 플랫폼
   ④ 해당 철도 또는 궤도사업용 급수(給水)·급탄(給炭) 및 급유(給油)시설
5. 「하천법」에 따른 하천구역 내의 수문조작실

정답 ⑤

필살키 059 건축허가 및 건축신고

건축법령상 건축허가 및 건축신고에 관한 설명으로 옳은 것은?

① 사전결정신청자는 건축위원회 심의와 「도시교통정비 촉진법」에 따른 교통영향평가서의 검토를 동시에 신청할 수 있다.
② 사전결정신청자는 사전결정을 통지받은 날부터 2년 이내에 착공신고를 하여야 하며, 이 기간에 착공신고를 하지 아니하면 사전결정의 효력이 상실된다.
③ 20층의 건축물 등 대통령령으로 정하는 용도 및 규모의 건축물을 광역시에 건축하려면 광역시장의 허가를 받아야 한다.
④ 시장·군수는 연면적의 합계가 10만m² 이상인 공장의 건축을 허가하려면 미리 도지사의 승인을 받아야 한다.
⑤ 건축신고를 한 자가 신고일부터 2년 이내에 공사에 착수하지 아니하면 그 신고의 효력은 없어진다.

해설

② 사전결정신청자는 사전결정을 통지받은 날부터 2년 이내에 건축허가를 신청하여야 하며, 이 기간에 건축허가를 신청하지 아니하면 사전결정의 효력이 상실된다.
③ 21층 이상의 건축물 등 대통령령으로 정하는 용도 및 규모의 건축물을 광역시에 건축하려면 광역시장의 허가를 받아야 한다.
④ 공장과 창고는 도지사의 사전승인을 받아야 하는 건축물이 아니다.
⑤ 건축신고를 한 자가 신고일부터 1년 이내에 공사에 착수하지 아니하면 그 신고의 효력은 없어진다.

+PLUS 건축허가권자

원칙	건축물을 건축하거나 대수선하려는 자는 특별자치시장·특별자치도지사 또는 시장·군수·구청장의 허가를 받아야 한다.
예외	층수가 21층 이상이거나 연면적의 합계가 10만m² 이상인 건축물의 건축(연면적의 10분의 3 이상을 증축하여 층수가 21층 이상으로 되거나 연면적의 합계가 10만m² 이상으로 되는 경우를 포함)을 특별시나 광역시에 건축하려면 특별시장이나 광역시장의 허가를 받아야 한다. 다만, 다음의 어느 하나에 해당하는 건축물의 건축은 제외한다. ① 공장 ② 창고 ③ 지방건축위원회의 심의를 거친 건축물(특별시 또는 광역시의 건축조례로 정하는 바에 따라 해당 지방건축위원회의 심의사항으로 할 수 있는 건축물에 한정하며, 초고층 건축물은 제외)
도지사의 사전승인	시장·군수는 다음의 어느 하나에 해당하는 건축물의 건축을 허가하려면 미리 건축계획서와 국토교통부령으로 정하는 건축물의 용도, 규모 및 형태가 표시된 기본설계도서를 첨부하여 도지사의 승인을 받아야 한다. ① 층수가 21층 이상이거나 연면적의 합계가 10만m² 이상으로 건축하는 건축물(연면적의 10분의 3 이상을 증축하여 층수가 21층 이상으로 되거나 연면적의 합계가 10만m² 이상으로 되는 경우를 포함). 다만, 공장, 창고, 지방건축위원회의 심의를 거친 건축물은 제외한다. ② 자연환경이나 수질을 보호하기 위하여 도지사가 지정·공고한 구역에 건축하는 3층 이상 또는 연면적의 합계가 1천m² 이상인 건축물로서 위락시설과 숙박시설 등 대통령령으로 정하는 용도(공동주택, 제2종 근린생활시설 중 일반음식점, 업무시설 중 일반업무시설)에 해당하는 건축물 ③ 주거환경이나 교육환경 등 주변 환경을 보호하기 위하여 필요하다고 인정하여 도지사가 지정·공고한 구역에 건축하는 위락시설 및 숙박시설에 해당하는 건축물

정답 ①

필살키 060 건축허가 및 착공제한

건축법령상 건축허가, 제한 등에 관한 설명으로 옳은 것은?

① 국토교통부장관은 국토관리를 위하여 특히 필요하다고 인정하더라도 시장·군수·구청장의 건축허가를 제한할 수 없다.
② 특별시장·광역시장·도지사가 시장·군수·구청장의 건축허가 또는 건축물의 착공을 제한한 경우에는 즉시 국토교통부장관에게 보고하여야 하며, 국토교통부장관은 제한내용이 지나치다고 인정하면 해제를 명할 수 있다.
③ 국토교통부장관은 지역계획 또는 도시·군계획상 특히 필요한 경우 시장·군수·구청장의 건축허가나 허가받은 건축물의 착공을 제한할 수 있다.
④ 건축허가를 제한하는 경우 제한기간은 2년 이내로 하며, 그 기간은 연장할 수 없다.
⑤ 허가권자는 종교시설에 해당하는 건축물의 건축을 허가하는 경우 건축물의 용도·규모 또는 형태가 주거환경이나 교육환경 등 주변 환경을 고려할 때 부적합하다고 인정되면 건축위원회의 심의를 거쳐 건축허가를 하지 않을 수 있다.

해설

① 국토교통부장관은 국토관리를 위하여 특히 필요하다고 인정하는 경우 시장·군수·구청장(허가권자)의 건축허가를 제한할 수 <u>있다</u>.
③ 특별시장·광역시장·도지사는 지역계획 또는 도시·군계획상 특히 필요한 경우 시장·군수·구청장의 건축허가나 허가받은 건축물의 착공을 제한할 수 있다.
④ 건축허가나 건축물의 착공을 제한하는 경우 제한기간은 2년 이내로 한다. 다만, <u>1회에 한하여 1년 이내의 범위에서 제한기간을 연장할 수 있다</u>.
⑤ 허가권자는 <u>숙박시설이나 위락시설</u>에 해당하는 건축물의 건축을 허가하는 경우 건축물의 용도·규모 또는 형태가 주거환경이나 교육환경 등 주변 환경을 고려할 때 부적합하다고 인정되면 건축위원회의 심의를 거쳐 건축허가를 하지 않을 수 있다.

+ PLUS 건축허가 및 착공제한

제한권자	국토교통부장관	국토교통부장관은 국토관리를 위하여 특히 필요하다고 인정하거나 주무부장관이 국방, 「국가유산기본법」에 따른 국가유산의 보존, 환경보전 또는 국민경제를 위하여 특히 필요하다고 인정하여 요청하면 허가권자의 건축허가나 허가를 받은 건축물의 착공을 제한할 수 있다.
	특별시장·광역시장·도지사	① 특별시장·광역시장·도지사는 지역계획이나 도시·군계획에 특히 필요하다고 인정하면 시장·군수·구청장의 건축허가나 허가를 받은 건축물의 착공을 제한할 수 있다. ② 특별시장·광역시장·도지사는 ①에 따라 시장·군수·구청장의 건축허가나 건축물의 착공을 제한한 경우 즉시 국토교통부장관에게 보고하여야 하며, 보고를 받은 국토교통부장관은 제한 내용이 지나치다고 인정하면 해제를 명할 수 있다.
제한절차		① 국토교통부장관이나 시·도지사는 건축허가나 건축허가를 받은 건축물의 착공을 제한하려는 경우에는 「토지이용규제 기본법」에 따라 주민의견을 청취한 후 건축위원회의 심의를 거쳐야 한다. ② 국토교통부장관이나 특별시장·광역시장·도지사는 건축허가나 건축물의 착공을 제한하는 경우 제한 목적·기간, 대상 건축물의 용도와 대상 구역의 위치·면적·경계 등을 상세하게 정하여 허가권자에게 통보하여야 하며, 통보를 받은 허가권자는 지체 없이 이를 공고하여야 한다.
제한기간		건축허가나 건축물의 착공을 제한하는 경우 제한기간은 2년 이내로 한다. 다만, 1회에 한하여 1년 이내의 범위에서 제한기간을 연장할 수 있다.

정답 ②

필살키 061 건축신고(1)

건축법령상 건축신고에 관한 설명으로 옳은 것은?

① 공업지역 안에서 연면적 500m²인 2층 공장의 신축은 건축신고대상이다.
② 연면적이 200m²이고 2층인 건축물의 대수선은 건축신고의 대상이다.
③ 1층의 바닥면적이 50m², 2층의 바닥면적이 30m²인 2층 건축물의 신축인 경우에는 건축신고를 하면 건축허가를 받은 것으로 볼 수 없다.
④ 연면적이 150m²인 3층 건축물의 피난계단 증설인 경우에는 건축신고를 하면 건축허가를 받은 것으로 본다.
⑤ 연면적의 합계가 500m²인 건축물의 높이를 4m 증축할 경우 건축신고를 하면 건축허가를 받은 것으로 본다.

해설
② 연면적이 200m² 미만이고 3층 미만인 건축물의 대수선은 건축신고의 대상이다.
③ 1층의 바닥면적이 50m², 2층의 바닥면적이 30m²인 2층 건축물의 신축인 경우에는 건축신고를 하면 건축허가를 받은 것으로 본다.
④ 연면적이 200m² 미만이고, 3층 미만인 건축물의 피난계단 증설(대수선)인 경우에는 건축신고를 하면 건축허가를 받은 것으로 본다.
⑤ 기존 건축물의 높이에서 3m 이하의 범위에서 증축하는 경우 건축신고를 하면 건축허가를 받은 것으로 본다.

정답 ①

필살키 062 건축신고(2)

건축법령상 건축신고에 관한 설명으로 옳은 것은?

① 건축신고를 하였더라도 공사에 필요한 규모로 공사용 가설건축물의 축조가 필요한 경우에는 별도로 가설건축물 축조신고를 하여야 한다.
② 바닥면적이 120m²인 단층 건축물의 신축인 경우에는 건축신고를 하면 건축허가를 받은 것으로 본다.
③ 연면적이 270m²인 3층 건축물의 방화벽 수선인 경우에는 건축신고를 하면 건축허가를 받은 것으로 본다.
④ 신고대상 건축물에 대하여 건축신고를 하면 건축허가를 받은 것으로 보며, 건축허가를 받은 건축의 건축주 또는 건축시공자를 변경하는 경우에는 허가를 받아야 한다.
⑤ 건축신고를 한 건축물을 주요구조부를 해체하지 아니하고 같은 대지의 다른 위치로 옮기는 경우에는 변경신고를 하지 않아도 된다.

해설
① 건축신고를 한 경우에는 공사용 가설건축물의 축조신고를 한 것으로 본다.
② 바닥면적이 100m² 이하인 단층 건축물의 신축인 경우에는 건축신고를 하면 건축허가를 받은 것으로 본다.
④ 신고대상 건축물에 대하여 건축신고를 하면 건축허가를 받은 것으로 보며, 건축허가를 받은 건축의 건축주를 변경하는 경우에는 신고하여야 한다.
⑤ 건축신고를 한 건축물을 주요구조부를 해체하지 아니하고 같은 대지의 다른 위치로 옮기는 경우에는 변경신고를 하여야 한다.

정답 ③

필살키 063 건축물의 건축(1)

건축법령상 건축물의 건축 등에 관한 설명으로 옳은 것은?

① 허가권자는 일정한 규모의 건축물을 착공신고하는 건축주에게 장기간 공사현장방치에 대비하여 미리 예치금을 예치하게 할 수 없다.
② 국가나 지방자치단체는 건축물을 건축·대수선·용도변경하거나 가설건축물을 건축하거나 공작물을 축조하려는 경우에는 대통령령으로 정하는 바에 따라 미리 건축물의 소재지를 관할하는 허가권자에게 신고하여야 한다.
③ 도시지역 중 주거지역·상업지역·공업지역에 설치하는 농업용 비닐하우스로서 연면적이 100m² 이상인 것은 신고대상 가설건축물에 해당한다.
④ 동일한 건축물 안에서 당해 용도에 쓰이는 바닥면적의 합계는 400m²인 테니스장·부동산중개사무소·골프연습장, 일반음식점, 일용품소매점은 제1종 근린생활시설에 해당되는 시설이다.
⑤ 사용승인서를 교부받기 전에 공사가 완료된 부분이 건폐율, 용적률 등의 법적 기준에 적합한 경우 허가권자는 대통령령으로 정하는 바에 따라 임시사용을 승인할 수 있으며 그 기간은 1년 이내로 하여야 한다.

해설

① 허가권자는 일정한 규모의 건축물을 착공신고하는 건축주에게 장기간 공사현장방치에 대비하여 미리 예치금을 예치하게 할 수 있다.
② 국가나 지방자치단체는 건축물을 건축·대수선·용도변경하거나 가설건축물을 건축하거나 공작물을 축조하려는 경우에는 대통령령으로 정하는 바에 따라 미리 건축물의 소재지를 관할하는 허가권자와 협의하여야 한다.
④ 동일한 건축물 안에서 당해 용도에 쓰이는 바닥면적의 합계는 500m² 미만인 테니스장·부동산중개사무소[바닥면적의 합계가 30m² 미만인 경우는 제1종 근린생활시설]·골프연습장, 일반음식점은 제2종 근린생활시설이며, 일용품소매점만 바닥면적의 합계가 1천m² 미만인 경우 제1종 근린생활시설에 해당되는 시설이다.
⑤ 사용승인서를 교부받기 전에 공사가 완료된 부분이 건폐율, 용적률 등의 법적 기준에 적합한 경우 허가권자는 대통령령으로 정하는 바에 따라 임시사용을 승인할 수 있으며 그 기간은 2년 이내로 하여야 한다. 다만, 허가권자는 대형건축물 또는 암반공사 등으로 인하여 공사기간이 장기간인 건축물에 대하여는 그 기간을 연장할 수 있다.

정답 ③

필살귀 064 건축물의 건축(2)

건축법령상 건축물의 건축 등에 관한 설명으로 옳은 것은?

① 허가를 받은 건축물의 공사를 착수하려고 신고한 건축주에게 허가권자는 신고를 받은 날부터 7일 이내에 신고수리 여부 또는 민원 처리 관련 법령에 따른 처리기간의 연장 여부를 통지하여야 한다.

② 건축신고를 하여야 하는 연면적이 200제곱미터 미만이고 층수가 3층 미만인 건축물의 대수선을 위한 설계는 건축사가 아니면 할 수 없다.

③ 공사시공자는 설계도서가 이 법과 이 법에 따른 명령이나 처분, 그 밖의 관계 법령에 맞지 아니하거나 공사의 여건상 불합리하다고 인정되면 건축주와 공사감리자의 동의 없이 서면으로 설계자에게 설계를 변경하도록 요청할 수 있다.

④ 공사감리자는 공사감리를 할 때 이 법과 이 법에 따른 명령이나 처분, 그 밖의 관계 법령에 위반된 사항을 발견하거나 공사시공자가 설계도서대로 공사를 하지 아니하면 이를 건축주에게 알린 후 공사시공자에게 시정하거나 재시공하도록 요청하여야 하며, 공사시공자가 시정이나 재시공 요청에 따르지 아니하면 서면으로 그 건축공사를 중지하도록 요청할 수 있다.

⑤ 특별자치시장·특별자치도지사·시장·군수 또는 구청장은 이 법에 따른 건축행정 관련 업무를 전산처리하기 위하여 종합적인 계획을 수립·시행할 수 있다.

해설

① 허가를 받은 건축물의 공사를 착수하려고 신고한 건축주에게 허가권자는 신고를 받은 날부터 <u>3일</u> 이내에 신고수리 여부 또는 민원 처리 관련 법령에 따른 처리기간의 연장 여부를 통지하여야 한다.

② 건축신고를 하여야 하는 <u>바닥면적의 합계가 85제곱미터 미만인 증축·개축 또는 재축, 연면적이 200제곱미터 미만이고 층수가 3층 미만인 건축물의 대수선을 제외한</u> 건축물의 건축등을 위한 설계는 건축사가 아니면 할 수 없다.

③ 공사시공자는 설계도서가 이 법과 이 법에 따른 명령이나 처분, 그 밖의 관계 법령에 맞지 아니하거나 공사의 여건상 불합리하다고 인정되면 건축주와 공사감리자의 <u>동의를 받아</u> 서면으로 설계자에게 설계를 변경하도록 요청할 수 있다.

⑤ <u>국토교통부장관</u>은 이 법에 따른 건축행정 관련 업무를 전산처리하기 위하여 종합적인 계획을 수립·시행할 수 있다.

정답 ④

필살키 065 건축위원회 및 전문위원회

건축법령상 건축위원회 및 전문위원회에 관한 설명으로 옳은 것은?

① 국토교통부장관, 시·도지사 및 시장·군수·구청장은 건축위원회의 심의 등을 효율적으로 수행하기 위하여 필요하면 자신이 설치하는 건축위원회에 전문위원회를 두어 운영할 수 있다.
② 건축민원전문위원회는 국토교통부에 설치하는 건축위원회에 한정한다.
③ 건축등과 관련된 건축관계자와 건축신고수리자 간의 분쟁의 조정 및 재정을 하기 위하여 건축분쟁전문위원회를 둔다.
④ 건축민원전문위원회가 위원회에 출석하게 하여 의견을 들 수 있는 자는 신청인과 허가권자에 한한다.
⑤ 건축민원전문위원회에 질의민원의 심의를 신청하려는 자는 문서에 의해서만 신청할 수 있다.

해설

② 건축민원전문위원회는 시·도 및 시·군·구에 설치하는 건축위원회에 한정하고, 건축분쟁전문위원회는 국토교통부에 설치하는 건축위원회에 한정한다.
③ 건축등과 관련된 건축허가권자, 건축지도원, 건축신고수리자를 제외한 분쟁대상자 간의 분쟁의 조정 및 재정을 하기 위하여 건축분쟁전문위원회를 둔다.
④ 건축민원전문위원회가 위원회에 출석하게 하여 의견을 들 수 있는 자는 신청인, 허가권자의 업무담당자, 이해관계자 또는 참고인이다.
⑤ 건축민원전문위원회에 질의민원의 심의를 신청하려는 자는 문서에 의할 수 없는 특별한 사정이 있는 경우에는 구술로도 신청할 수 있다.

정답 ①

필살키 066 피난안전구역의 설치기준

신유형 출제예상

건축법령상 피난안전구역의 구조 및 설비 기준에 적합한 내용으로 볼 수 없는 것은?

① 피난안전구역의 바로 아래층 및 위층은 「녹색건축물 조성 지원법」에 따라 국토교통부장관이 정하여 고시한 기준에 적합한 단열재를 설치하며, 이 경우 아래층은 최하층에 있는 거실의 바닥 기준을 준용할 것
② 피난안전구역의 내부마감재료는 불연재료로 설치할 것
③ 건축물의 내부에서 피난안전구역으로 통하는 계단은 특별피난계단의 구조로 설치할 것
④ 피난안전구역에는 식수공급을 위한 급수전을 1개소 이상 설치하고 예비전원에 의한 조명설비를 설치할 것
⑤ 피난안전구역의 높이는 2.1미터 이상일 것

해설

피난안전구역의 바로 아래층 및 위층은 「녹색건축물 조성 지원법」에 따라 국토교통부장관이 정하여 고시한 기준에 적합한 단열재를 설치할 것. 이 경우 아래층은 최상층에 있는 거실의 반자 또는 지붕 기준을 준용하고, 위층은 최하층에 있는 거실의 바닥 기준을 준용할 것

정답 ①

필살키 067 건축물의 대지와 도로

건축법령상 도시지역에 건축하는 건축물의 대지와 도로 등에 관한 설명으로 옳은 것은?

① 담장의 지표 아래 부분은 건축선의 수직면을 넘어서는 아니 된다.
② 건축물의 대지는 2m 이상이 보행과 자동차의 통행이 가능한 도로에 접하여야 한다.
③ 군수는 건축물의 위치나 환경을 정비하기 위하여 필요하다고 인정되면 5m 이하의 범위에서 건축선을 따로 지정할 수 있다.
④ 연면적의 합계가 2천m²인 공장의 대지는 너비 6m 이상의 도로에 4m 이상 접하여야 한다.
⑤ 손궤의 우려가 있는 토지에 대지를 조성하면서 설치한 옹벽의 외벽면에는 옹벽의 지지 또는 배수를 위한 시설물이 밖으로 튀어 나오게 해서는 아니 된다.

해설

① 담장의 지표 위 부분은 건축선의 수직면을 넘어서는 아니 된다. 다만, 지표 아래 부분은 그러하지 아니하다.
③ 군수는 건축물의 위치나 환경을 정비하기 위하여 필요하다고 인정되면 4m 이하의 범위에서 건축선을 따로 지정할 수 있다.
④ 연면적의 합계가 3천m² 이상인 공장의 대지는 너비 6m 이상의 도로에 4m 이상 접하여야 한다.
⑤ 손궤의 우려가 있는 토지에 대지를 조성하면서 설치한 옹벽의 외벽면에는 옹벽의 지지 또는 배수를 위한 시설 외의 구조물이 밖으로 튀어 나오게 해서는 아니 된다.

+PLUS 대지와 도로의 관계

원칙	일반	건축물의 대지는 2m 이상이 도로에 접하여야 한다.
	강화	연면적의 합계가 2천m²(공장인 경우에는 3천m²) 이상인 건축물의 대지는 너비 6m 이상의 도로에 4m 이상 접하여야 한다.
예외		다음의 어느 하나에 해당하면 그러하지 아니하다. ① 해당 건축물의 출입에 지장이 없다고 인정되는 경우 ② 건축물의 주변에 광장, 공원, 유원지, 그 밖에 관계 법령에 따라 건축이 금지되고 공중의 통행에 지장이 없는 공지로서 허가권자가 인정한 공지가 있는 경우 ③ 「농지법」에 따른 농막을 건축하는 경우

정답 ②

필살키 068 특별건축구역 · 건축협정 · 결합건축

건축법령상 특별건축구역·건축협정 및 결합건축에 관한 설명으로 옳은 것은?

① 시·도지사는 국가가 국제행사 등을 개최하는 도시 또는 지역의 사업구역에 특별건축구역을 지정할 수 있다.

② 특별건축구역에 건축하는 건축물에 대하여 대지의 조경, 대지 안의 공지를 적용하지 아니할 수 있다.

③ 토지 또는 건축물의 소유자, 지상권자 등은 과반수의 합의로 주거환경개선사업을 시행하기 위하여 지정·고시된 정비구역에서 건축물의 건축·대수선 또는 리모델링에 관한 건축협정을 체결할 수 있다.

④ 건축협정의 인가를 받은 건축협정구역에서 연접한 대지에 대하여는 건축물의 용적률, 계단의 설치를 개별 건축물마다 적용하지 아니하고 건축협정구역의 전부 또는 일부를 대상으로 통합하여 적용할 수 있다.

⑤ 「국토의 계획 및 이용에 관한 법률」에 따라 지정된 공업지역에서 대지 간의 최단거리가 100m 이내의 범위에서 2개의 대지의 건축주가 서로 합의한 경우 결합건축을 할 수 있다.

해설

① 국토교통부장관은 국가가 국제행사 등을 개최하는 도시 또는 지역의 사업구역, 시·도지사는 지방자치단체가 국제행사 등을 개최하는 도시 또는 지역의 사업구역에 특별건축구역을 지정할 수 있다.

③ 토지 또는 건축물의 소유자, 지상권자 등은 전원의 합의로 주거환경개선사업을 시행하기 위하여 지정·고시된 정비구역에서 건축물의 건축·대수선 또는 리모델링에 관한 건축협정을 체결할 수 있다.

④ 건축협정의 인가를 받은 건축협정구역에서 연접한 대지에 대하여는 건축물의 용적률, 계단의 설치를 제외한 관계 법령의 규정(지하층의 설치, 건폐율, 개인하수처리시설의 설치 등)을 개별 건축물마다 적용하지 아니하고 건축협정구역의 전부 또는 일부를 대상으로 통합하여 적용할 수 있다.

⑤ 「국토의 계획 및 이용에 관한 법률」에 따라 지정된 상업지역에서 대지 간의 최단거리가 100m 이내의 범위에서 2개의 대지의 건축주가 서로 합의한 경우 결합건축을 할 수 있다.

정답 ②

필살귀 069 지역 및 지구 안의 건축물

건축법령상 지역 및 지구의 건축물에 관한 설명으로 옳은 것은? (단, 조례 및 특별건축구역에 대한 특례는 고려하지 않음)

① 하나의 건축물이 방화지구와 그 밖의 구역에 걸치는 경우에는 그 건축물 및 토지 전부에 대하여 방화지구 안의 건축물에 관한 「건축법」의 규정을 적용한다.
② 대지가 녹지지역과 관리지역에 걸치면서 녹지지역 안의 건축물이 취락지구에 걸치는 경우에는 건축물과 대지 전부에 대해 취락지구에 관한 「건축법」의 규정을 적용한다.
③ 하나의 건축물이 방화벽을 경계로 방화지구와 그 밖의 구역에 속하는 부분으로 구획되는 경우, 건축물 전부에 대하여 방화지구 안의 건축물에 관한 「건축법」의 규정을 적용한다.
④ 시장·군수는 도시의 관리를 위하여 필요하면 가로구역별 건축물의 높이를 시·군의 조례로 정할 수 있다.
⑤ 대지가 녹지지역과 그 밖의 지역·지구 또는 구역에 걸치는 경우에는 각 지역·지구 또는 구역 안의 건축물과 대지에 관한 「건축법」의 규정을 적용한다.

해설

① 하나의 건축물이 방화지구와 그 밖의 구역에 걸치는 경우에는 토지를 제외한 건축물 전부에 대하여 방화지구 안의 건축물에 관한 「건축법」의 규정을 적용한다.
② 대지가 녹지지역과 그 밖의 지역·지구 또는 구역에 걸치는 경우에는 각 지역·지구 또는 구역 안의 건축물과 대지에 관한 「건축법」의 규정을 적용한다.
③ 하나의 건축물이 방화지구와 그 밖의 구역에 걸치는 경우에는 그 전부에 대하여 방화지구 안의 건축물에 관한 「건축법」의 규정을 적용한다. 다만, 건축물의 방화지구에 속한 부분과 그 밖의 구역에 속한 부분의 경계가 방화벽으로 구획되는 경우 그 밖의 구역에 있는 부분에 대하여는 그러하지 아니하다.
④ 특별시장이나 광역시장은 도시의 관리를 위하여 필요하면 가로구역별 건축물의 높이를 특별시나 광역시의 조례로 정할 수 있다.

+PLUS 대지가 지역·지구·구역에 걸치는 경우

건축물이 방화지구에 걸치는 경우	원칙	하나의 건축물이 방화지구와 그 밖의 구역에 걸치는 경우에는 그 전부에 대하여 방화지구 안의 건축물에 관한 「건축법」의 규정을 적용한다.
	예외	건축물의 방화지구에 속한 부분과 그 밖의 구역에 속한 부분의 경계가 방화벽으로 구획되는 경우 그 밖의 구역에 있는 부분에 대하여는 그러하지 아니하다.
대지가 녹지지역 등에 걸치는 경우		대지가 녹지지역과 그 밖의 지역·지구 또는 구역에 걸치는 경우에는 각 지역·지구 또는 구역 안의 건축물과 대지에 관한 「건축법」의 규정을 적용한다. 다만, 녹지지역 안의 건축물이 방화지구에 걸치는 경우에는 방화지구의 규정에 따른다.

정답 ⑤

필살키 070 건폐율 및 용적률

건축법령상 건폐율 및 용적률에 관한 설명으로 옳은 것은?

① 건폐율은 대지면적에 대한 건축물의 바닥면적의 비율이다.
② 「건축법」의 규정을 통하여 「국토의 계획 및 이용에 관한 법률」상 건폐율의 최대한도를 강화하여 적용할 수 있으나, 이를 완화하여 적용할 수 없다.
③ 용적률은 대지면적에 대한 건축면적의 비율이다.
④ 건축물이 있는 대지는 건축물의 건폐율 또는 용적률에 못미치게 분할할 수 있다.
⑤ 하나의 대지에 건축물이 둘 이상 있는 경우 용적률의 제한은 대지 안에 있는 모든 건축물들의 연면적을 합하여 산정한다.

해설
① 건폐율은 대지면적에 대한 <u>건축면적</u>의 비율이다.
② 「건축법」의 규정을 통하여 「국토의 계획 및 이용에 관한 법률」상 건폐율의 최대한도를 강화하여 적용할 수 있고, 이를 <u>완화하여 적용할 수도 있다</u>.
③ 용적률은 대지면적에 대한 <u>연면적</u>의 비율이다.
④ 건축물이 있는 대지는 건축물의 건폐율 또는 용적률에 못미치게 분할할 수 <u>없다</u>.

정답 ⑤

필살기 071 면적·층수·높이

건축법령상 건축물의 면적 및 층수·높이의 산정방법에 관한 설명으로 옳은 것은?

① 연면적은 하나의 건축물 각 층의 바닥면적의 합계를 말하는 것으로서, 용적률을 산정할 때 층수가 50층 이상인 건축물에 설치하는 피난안전구역의 면적은 연면적에 산입한다.

② 건축물의 노대의 바닥은 난간 등의 설치 여부에 관계없이 노대의 면적에서 노대가 접한 가장 긴 외벽에 접한 길이에 1.5m를 곱한 값을 뺀 면적을 바닥면적에 산입한다.

③ 건축물을 리모델링하는 경우로서 미관 향상, 열의 손실 방지 등을 위하여 외벽에 부가하여 마감재 등을 설치하는 부분은 바닥면적에 산입한다.

④ 공동주택으로서 지상층에 설치한 전기실·조경시설의 면적은 바닥면적에 산입한다.

⑤ 벽·기둥의 구획이 없는 건축물의 바닥면적은 그 지붕 끝부분으로부터 수평거리 1.5m를 후퇴한 선으로 둘러싸인 수평투영면적으로 한다.

해설

① 연면적은 하나의 건축물 각 층의 바닥면적의 합계를 말하는 것으로서, 용적률을 산정할 때 층수가 50층 이상인 건축물에 설치하는 피난안전구역의 면적은 연면적에 산입하지 않는다.
③ 건축물을 리모델링하는 경우로서 미관 향상, 열의 손실 방지 등을 위하여 외벽에 부가하여 마감재 등을 설치하는 부분은 바닥면적에 산입하지 아니한다.
④ 공동주택으로서 지상층에 설치한 전기실·조경시설의 면적은 바닥면적에 산입하지 아니한다.
⑤ 벽·기둥의 구획이 없는 건축물의 바닥면적은 그 지붕 끝부분으로부터 수평거리 1m를 후퇴한 선으로 둘러싸인 수평투영면적으로 한다.

+PLUS 연면적 산정방법

원칙	연면적이란 지하층을 포함하여 하나의 건축물의 각 층의 바닥면적의 합계를 말한다.
용적률 산정 시 연면적에서 제외되는 면적	① 지하층의 면적 ② 지상층의 주차용(해당 건축물의 부속용도인 경우만 해당)으로 쓰는 면적 ③ 초고층 건축물과 준초고층 건축물에 설치하는 피난안전구역의 면적 ④ 건축물의 경사지붕 아래에 설치하는 대피공간의 면적

정답 ②

필살키 072 대지의 분할제한

「건축법」상 건축물이 있는 대지는 일정면적에 미달되게 분할할 수 없다. 조례의 기준이 되는 용도지역별 원칙적인 최소면적 기준으로서 옳은 것은?

① 제1종 전용주거지역: 120m^2
② 제2종 일반주거지역: 90m^2
③ 근린상업지역: 150m^2
④ 일반공업지역: 90m^2
⑤ 자연녹지지역: 330m^2

해설
①② 주거지역: 60m^2 이상
④ 공업지역: 150m^2 이상
⑤ 녹지지역: 200m^2 이상

정답 ③

필살키 073 지역 및 지구 안의 건축물

건축법령상 지역 및 지구의 건축물에 관한 설명으로 옳은 것은? (단, 조례 및 특별건축구역에 대한 특례는 고려하지 않음)

① 3층 이하로서 높이가 12m 이하인 건축물에는 일조 등의 확보를 위한 건축물의 높이제한에 관한 규정을 적용하지 아니할 수 있다.
② 일반상업지역에 건축하는 공동주택으로서 하나의 대지에 두 동(棟) 이상을 건축하는 경우에는 채광의 확보를 위한 높이제한이 적용된다.
③ 상업지역에서 건축물을 건축하는 경우에는 일조의 확보를 위하여 건축물을 정북방향으로의 인접 대지경계선으로부터 높이 10m 이하인 부분은 1.5m 이상 띄어 건축하여야 한다.
④ 준주거지역 안에서 건축하는 건축물에 대하여는 일조의 확보를 위한 높이제한이 적용된다.
⑤ 시장은 건축물의 용도 및 형태에 따라 동일한 가로구역(도로로 둘러싸인 일단의 지역)에서 건축물의 높이를 다르게 정할 수 있다.

+PLUS 일조 등의 확보를 위한 높이제한

1. 전용주거지역·일반주거지역 안의 건축물
   ① 원칙(정북방향으로의 높이제한): 전용주거지역과 일반주거지역 안에서 건축하는 건축물의 높이는 일조 등의 확보를 위하여 정북방향(正北方向)의 인접 대지경계선으로부터 다음의 범위에서 건축조례로 정하는 거리 이상을 띄어 건축하여야 한다.

건축물 높이	띄우는 거리
높이 10m 이하인 부분	인접 대지경계선으로부터 1.5m 이상
높이 10m를 초과하는 부분	인접 대지경계선으로부터 해당 건축물 각 부분 높이의 2분의 1 이상

   ② 예외(정남방향으로의 높이제한): 다음의 어느 하나에 해당하면 위 ①에도 불구하고 건축물의 높이를 정남(正南)방향의 인접 대지경계선으로부터의 거리에 따라 대통령령으로 정하는 높이 이하로 할 수 있다.
      ㉠ 정북방향으로 도로, 공원, 하천 등 건축이 금지된 공지에 접하는 대지인 경우
      ㉡ 「주택법」에 따른 대지조성사업지구인 경우
      ㉢ 「도시개발법」에 따른 도시개발구역인 경우
      ㉣ 「도시 및 주거환경정비법」에 따른 정비구역인 경우

2. 공동주택에 대한 일조권 높이제한: 다음의 어느 하나에 해당하는 공동주택(일반상업지역과 중심상업지역에 건축하는 것은 제외)은 채광 등의 확보를 위하여 대통령령으로 정하는 높이 이하로 하여야 한다.
   ① 인접 대지경계선 등의 방향으로 채광을 위한 창문 등을 두는 경우
   ② 하나의 대지에 두 동(棟) 이상을 건축하는 경우

3. 적용의 특례: 2층 이하로서 높이가 8m 이하인 건축물에는 해당 지방자치단체의 조례로 정하는 바에 따라 위 1.부터 2.까지의 규정을 적용하지 아니할 수 있다.

해설

① <u>2층</u> 이하로서 높이가 <u>8m</u> 이하인 건축물에는 일조 등의 확보를 위한 건축물의 높이제한에 관한 규정을 적용하지 아니할 수 있다.
② 공동주택으로서 하나의 대지에 두 동(棟) 이상을 건축하는 경우에는 채광의 확보를 위한 높이제한이 적용된다. 다만, <u>일반상업지역과 중심상업지역에 건축하는 것은 제외한다.</u>
③ <u>전용주거지역이나 일반주거지역</u>에서 건축물을 건축하는 경우에는 일조의 확보를 위하여 건축물을 정북방향으로의 인접 대지경계선으로부터 높이 10m 이하인 부분은 1.5m 이상 띄어 건축하여야 한다.
④ <u>전용주거지역과 일반주거지역</u> 안에서 건축하는 건축물에 대하여는 일조의 확보를 위한 높이제한이 적용된다.

정답 ⑤

주택법

20·21·22·27·28·30·32·34회

필살키 074 용어의 정의

주택법령상 용어에 관한 설명으로 옳은 것은?

① '주택'이란 세대의 구성원이 장기간 독립된 주거생활을 할 수 있는 구조로 된 건축물의 전부 또는 일부 및 그 부속토지를 말한다.
② '공구'란 하나의 주택단지에서 둘 이상으로 구분되는 일단의 구역으로서 공구별 세대수는 600세대 이상으로 해야 한다.
③ '연립주택'이란 주택으로 쓰는 1개 동의 바닥면적 합계가 660m² 이하이고, 주택으로 쓰는 층수가 4개 층 이하인 주택을 말한다.
④ 「산업입지 및 개발에 관한 법률」에 따른 산업단지개발사업에 의하여 개발·조성되는 단독주택이 건설되는 용지는 공공택지에 해당한다.
⑤ '세대구분형 공동주택'이란 공동주택의 주택 내부 공간의 일부를 세대별로 구분하여 생활이 가능한 구조로 하되 그 구분된 공간의 일부를 구분 소유할 수 있는 주택이다.

해설

② '공구'란 하나의 주택단지에서 둘 이상으로 구분되는 일단의 구역으로서 공구별 세대수는 300세대 이상으로 해야 한다.
③ '연립주택'이란 주택으로 쓰는 1개 동의 바닥면적 합계가 660m²를 초과하고, 층수가 4개 층 이하인 주택을 말한다.
④ 「산업입지 및 개발에 관한 법률」에 따른 산업단지개발사업에 의하여 개발·조성되는 공동주택이 건설되는 용지는 공공택지에 해당한다.
⑤ '세대구분형 공동주택'이란 공동주택의 주택 내부 공간의 일부를 세대별로 구분하여 생활이 가능한 구조로 하되 그 구분된 공간의 일부를 구분 소유할 수 없는 주택이다.

정답 ①

29회 합격서 p.136

필살키 075 국민주택

주택법령상 국민주택 등에 관한 설명으로 옳은 것은?

① 수도권에 소재한 읍 또는 면 지역의 경우 국민주택규모의 주택이란 1호(戶) 또는 1세대당 주거전용면적이 100m² 이하인 주택을 말한다.
② 지방자치단체의 재정으로부터 자금을 지원받아 건설되는 주택이 국민주택에 해당하려면 자금의 50% 이상을 지방자치단체로부터 지원받아야 한다.
③ 다세대주택의 경우 주거전용면적은 건축물의 바닥면적에서 지하층 면적만을 제외한 면적으로 한다.
④ H건설회사가 지방자치단체의 재정으로부터 자금을 지원받지 않고 수도권에 건설한 주거전용면적이 1세대당 80m²인 아파트는 국민주택에 해당한다.
⑤ 아파트의 경우 복도, 계단 등 아파트의 지상층에 있는 공용면적은 주거전용면적에서 제외한다.

해설

① 수도권을 제외한 도시지역이 아닌 읍 또는 면 지역의 경우 국민주택규모의 주택이란 1호(戶) 또는 1세대당 주거전용면적이 100m² 이하인 주택을 말한다.
② 지방자치단체의 재정으로부터 자금을 지원받아 건설되는 주택으로서 국민주택규모 이하이면 국민주택이 되며, 50% 이상 자금 지원 조건은 별도로 없다.
③ 다세대주택의 경우 주거전용면적은 건축물의 바닥면적에서 복도, 계단, 현관 등 공동주택의 지상층에 있는 공용면적과 지하층, 관리사무소 등 그 밖의 공용면적을 제외한 면적으로 한다.
④ H건설회사가 지방자치단체의 재정으로부터 자금을 지원받지 않고 수도권에 건설한 주거전용면적이 1세대당 80m²인 아파트는 민영주택에 해당한다.

정답 ⑤

필살키 076 도시형 생활주택

주택법령상 도시형 생활주택에 관한 설명으로 옳은 것은?

① 도시형 생활주택이란 300세대의 국민주택규모에 해당하는 주택으로 대통령령으로 정하는 주택을 말한다.
② 「수도권정비계획법」에 따른 수도권의 경우 도시형 생활주택은 1호(戶) 또는 1세대당 주거전용면적이 100m² 이하이어야 한다.
③ 아파트형 주택은 세대별로 독립된 주거가 가능하도록 욕실 및 부엌을 설치하여야 한다.
④ 준주거지역에서 도시형 생활주택인 아파트형 주택과 도시형 생활주택 외의 주택은 하나의 건축물에 함께 건축할 수 없다.
⑤ 도시형 생활주택에는 분양가상한제가 적용된다.

해설

① 도시형 생활주택이란 300세대 미만의 국민주택규모에 해당하는 주택으로 대통령령으로 정하는 주택을 말한다.
② 「수도권정비계획법」에 따른 수도권의 경우 도시형 생활주택은 1호(戶) 또는 1세대당 주거전용면적이 85m² 이하이어야 한다.
④ 아파트형 주택과 주거전용면적이 85m²를 초과하는 주택 1세대를 함께 건축할 수 있다. 또한, 준주거지역 또는 상업지역에서 아파트형 주택과 도시형 생활주택 외의 주택을 함께 건축할 수 있다.
⑤ 도시형 생활주택에는 분양가상한제가 적용되지 아니한다.

+PLUS 도시형 생활주택

1. 종류: 300세대 미만의 국민주택규모에 해당하는 주택으로서 다음의 주택을 말한다.

아파트형 주택	다음의 요건을 모두 갖춘 공동주택 ① 세대별로 독립된 주거가 가능하도록 욕실 및 부엌을 설치할 것 ② 지하층에는 세대를 설치하지 아니할 것
단지형 연립주택	연립주택. 다만, 「건축법」에 따른 건축위원회의 심의를 받은 경우에는 주택으로 쓰는 층수를 5개 층까지 건축할 수 있다.
단지형 다세대 주택	다세대주택. 다만, 「건축법」에 따른 건축위원회의 심의를 받은 경우에는 주택으로 쓰는 층수를 5개 층까지 건축할 수 있다.

2. 건축의 제한
   ① 하나의 건축물에는 도시형 생활주택과 그 밖의 주택을 함께 건축할 수 없다. 다만, 다음의 어느 하나에 해당하는 경우는 예외로 한다.
      ㉠ 도시형 생활주택과 주거전용면적이 85m²를 초과하는 주택 1세대를 함께 건축하는 경우
      ㉡ 「국토의 계획 및 이용에 관한 법률 시행령」에 따른 준주거지역 또는 상업지역에서 아파트형 주택과 도시형 생활주택 외의 주택을 함께 건축하는 경우
   ② 하나의 건축물에는 단지형 연립주택 또는 단지형 다세대주택과 아파트형 주택을 함께 건축할 수 없다.

정답 ③

필살기 077 등록사업자

주택법령상 주택건설사업 또는 대지조성사업의 등록사업자에 관한 설명으로 옳은 것은?

① 등록사업자와 공동으로 주택건설사업을 하려는 주택조합은 국토교통부장관에게 등록하여야 한다.
② 피한정후견인의 선고가 취소된 후 2년이 경과되지 아니한 자 또는 파산선고를 받은 자로서 복권된 후 2년이 경과되지 아니한 자는 주택건설사업의 등록을 할 수 없다.
③ 「주택법」을 위반하여 금고 이상의 형의 선고를 받고 그 집행이 면제된 날부터 2년이 경과된 자는 주택건설사업의 등록을 할 수 있다.
④ 연간 10호 이상의 단독주택 건설사업을 시행하려는 자 또는 연간 10만m² 이상의 대지조성사업을 시행하려는 자는 국토교통부장관에게 등록하여야 한다.
⑤ 세대수를 증가하지 않는 리모델링주택조합은 등록사업자와 공동으로 주택건설사업을 시행할 수 있다.

해설

① 등록사업자와 공동으로 주택건설사업을 하려는 주택조합은 국토교통부장관에게 등록할 필요가 없다.
② 미성년자·피성년후견인 또는 피한정후견인의 선고가 취소된 경우와 파산선고를 받은 자로서 복권된 자는 기간에 상관없이 주택건설사업의 등록을 할 수 있다.
④ 연간 단독주택의 경우에는 20호, 공동주택의 경우에는 20세대 이상의 주택건설사업을 시행하려는 자 또는 연간 1만m² 이상의 대지조성사업을 시행하려는 자는 국토교통부장관에게 등록하여야 한다.
⑤ 세대수를 증가하지 않는 리모델링주택조합은 새로운 주택을 건설하지 않기 때문에 등록사업자와 공동으로 주택건설사업을 시행하지 아니한다.

+PLUS 주택건설사업의 등록대상

1. 원칙: 연간 대통령령으로 정하는 호수(戶數) 이상의 주택건설사업을 시행하려는 자 또는 연간 대통령령으로 정하는 면적 이상의 대지조성사업을 시행하려는 자는 국토교통부장관에게 등록하여야 한다.

	단독주택	연간 20호 이상
주택건설사업자	공동주택	연간 20세대 이상 (단, 도시형 생활주택은 30세대 이상)
대지조성사업자		연간 1만m² 이상

2. 예외: 다음에 해당하는 사업주체의 경우에는 국토교통부장관에게 등록하지 않아도 된다.
   ① 국가·지방자치단체
   ② 한국토지주택공사
   ③ 지방공사
   ④ 「공익법인의 설립·운영에 관한 법률」에 따라 주택건설사업을 목적으로 설립된 공익법인
   ⑤ 주택조합(등록사업자와 공동으로 주택건설사업을 하는 주택조합만 해당)
   ⑥ 근로자를 고용하는 자(등록사업자와 공동으로 주택건설사업을 시행하는 고용자만 해당)

정답 ③

필살키 078 주택조합

주택법령상 주택조합에 관한 설명으로 옳은 것은?

① 국민주택을 공급받기 위하여 직장주택조합을 설립하는 경우 관할 시장·군수·구청장에게 인가를 받아야 한다.

② 조합의 설립인가를 받은 후 승인을 얻어 지역주택조합원으로 추가 모집되거나 충원되는 자가 조합원 자격 요건을 갖추었는지를 판단할 때에는 주택건설을 위한 사업계획승인 신청일을 기준으로 한다.

③ 리모델링주택조합이 아닌 주택조합은 주택건설예정세대수의 50% 이상의 조합원으로 구성하되, 그 수는 10명 이상이어야 한다.

④ 주택조합과 등록사업자가 공동으로 사업을 시행·시공할 경우 등록사업자는 자신의 귀책사유로 사업추진이 지연됨으로 인해 조합원에게 발생한 손해를 배상해야 한다.

⑤ 리모델링주택조합은 그 구성원을 위하여 건설하는 주택을 조합원에게 우선 공급해야 한다.

해설

① 국민주택을 공급받기 위하여 직장주택조합을 설립하는 경우 관할 시장·군수·구청장에게 신고하여야 한다.
② 조합의 설립인가를 받은 후 승인을 얻어 조합원으로 추가 모집되거나 충원되는 자가 조합원 자격 요건을 갖추었는지를 판단할 때에는 해당 조합설립인가 신청일을 기준으로 한다.
③ 리모델링주택조합이 아닌 주택조합은 주택건설예정세대수의 50% 이상의 조합원으로 구성하되, 그 수는 20명 이상이어야 한다.
⑤ 주택조합(리모델링주택조합은 제외)은 그 구성원을 위하여 건설하는 주택을 조합원에게 우선 공급할 수 있으며, 국민주택을 공급받기 위한 직장주택조합에 대하여는 사업주체가 국민주택을 그 조합원에게 우선 공급할 수 있다.

+PLUS 주택조합의 설립인가(신고)

설립인가	많은 수의 구성원이 주택을 마련하거나 리모델링하기 위하여 주택조합을 설립하려는 경우(신고대상 직장주택조합의 경우는 제외)에는 관할 시장·군수·구청장(특별자치시장, 특별자치도지사, 시장, 군수 또는 구청장)의 인가를 받아야 한다. 인가받은 내용을 변경하거나 주택조합을 해산하려는 경우에도 또한 같다.
설립신고	국민주택을 공급받기 위하여 직장주택조합을 설립하려는 자는 관할 시장·군수·구청장에게 신고하여야 한다. 신고한 내용을 변경하거나 직장주택조합을 해산하려는 경우에도 또한 같다.

정답 ④

필살키 079 지역주택조합

주택법령상 지역주택조합에 관한 설명으로 옳은 것은?

① 지역주택조합은 설립인가를 받은 후에도 원칙적으로 해당 조합원을 교체하거나 신규로 가입하게 할 수 있다.
② 총회의 의결로 제명된 조합원 또는 탈퇴한 조합원은 조합에 자신이 부담한 비용의 환급을 청구할 수 없다.
③ 지역주택조합은 임대주택으로 건설·공급하여야 하는 세대수를 제외한 주택건설 예정 세대수의 50% 이상의 조합원으로 구성하여야 한다.
④ 조합원을 공개모집한 이후 조합원의 자격상실로 인한 결원을 충원하려면 시장·군수·구청장에게 신고하고 공개모집의 방법으로 조합원을 충원하여야 한다.
⑤ 지역주택조합의 설립인가 후 조합원이 사망하였더라도 조합원 수가 주택건설 예정 세대수의 50% 이상을 유지하고 있다면 조합원을 충원할 수 없다.

해설

① 지역주택조합 또는 직장주택조합은 설립인가를 받은 후에는 원칙적으로 해당 조합원을 교체하거나 신규로 가입하게 할 수 없다.
② 탈퇴한 조합원(제명된 조합원을 포함한다)은 조합규약으로 정하는 바에 따라 부담한 비용의 환급을 청구할 수 있다.
④ 지역주택조합 또는 직장주택조합의 설립인가를 받거나 인가받은 내용을 변경하기 위하여 조합원을 모집하려는 자는 관할 시장·군수·구청장에게 신고하고, 공개모집의 방법으로 조합원을 모집하여야 한다. 조합 설립인가를 받기 전에 신고한 내용을 변경하는 경우에도 또한 같다. 다만, 공개모집 이후 조합원의 사망·자격상실·탈퇴 등으로 인한 결원을 충원하거나 미달된 조합원을 재모집하는 경우에는 신고하지 아니하고 선착순의 방법으로 조합원을 모집할 수 있다.
⑤ 지역주택조합의 설립인가 후 조합원의 사망으로 인한 결원의 경우에는 조합원 수가 주택건설 예정 세대수의 50% 이상을 유지하고 있더라도 조합원을 충원할 수 있다.

정답 ③

필살키 080 조합원의 자격

주택법령상 지역주택조합의 조합원에 관한 설명으로 옳은 것은?

① 조합설립인가 신청일부터 해당 조합주택의 입주가능일까지 주거전용면적 80m²의 주택 1채를 보유하고, 6개월 이상 동일 지역에 거주한 세대주인 자는 조합원의 자격이 없다.

② 조합원의 사망으로 인하여 조합원의 지위를 상속받으려는 자는 무주택자이어야 한다.

③ 리모델링주택조합의 경우 공동주택의 소유권이 여러 명의 공유에 속하는 경우에는 그 여러 명 모두를 조합원으로 본다.

④ 주택조합의 조합원이 근무·질병치료·유학·결혼 등 부득이한 사유로 세대주 자격을 일시적으로 상실한 경우로서 시장·군수·구청장이 인정하는 경우에는 조합원 자격이 있는 것으로 본다.

⑤ 주거전용면적 70m²의 주택 1채를 소유하고 있는 세대주인 자는 국민주택을 공급받기 위하여 설립하는 직장주택조합의 조합원이 될 수 있다.

해설

① 조합설립인가 신청일부터 해당 조합주택의 입주가능일까지 주거전용면적 85m² 이하의 주택 1채를 보유하고, 6개월 이상 동일 지역에 거주한 세대주인 자는 조합원의 자격이 있다.

② 조합원의 사망으로 인하여 조합원의 지위를 상속받으려는 자는 무주택자가 아니어도 된다.

③ 리모델링주택조합의 경우 공동주택의 소유권이 여러 명의 공유에 속하는 경우에는 그 여러 명을 대표하는 1명을 조합원으로 본다.

⑤ 주거전용면적 70m²의 주택 1채를 소유하고 있는 세대주인 자는 국민주택을 공급받기 위하여 설립하는 직장주택조합의 조합원이 될 수 없다.

정답 ④

필살키 081 주택상환사채

주택법령상 주택상환사채에 관한 설명으로 옳은 것은?

① 지방자치단체가 발행하는 경우에는 금융기관 등에 보증을 받지 아니하고 발행할 수 있다.
② 주택상환사채를 발행하려는 자는 주택상환사채발행계획을 수립하여 기획재정부장관의 승인을 받아야 한다.
③ 등록사업자의 등록이 말소된 경우에는 등록사업자가 발행한 주택상환사채의 효력은 상실된다.
④ 세대원의 취학·질병치료·근무로 인하여 세대원 전원이 다른 행정구역으로 이전하는 경우에는 주택상환사채를 양도하거나 중도에 해약할 수 있다.
⑤ 세대원 전원이 상속에 의하여 취득한 주택으로 이전하는 경우에는 주택상환사채를 양도하거나 중도에 해약할 수 없다.

+ PLUS 주택상환사채

발행권자	① 한국토지주택공사와 등록사업자는 대통령령으로 정하는 바에 따라 주택으로 상환하는 주택상환사채를 발행할 수 있다. ② 등록사업자는 자본금·자산평가액 및 기술인력 등이 대통령령으로 정하는 기준에 맞고 금융기관 또는 주택도시보증공사의 보증을 받은 경우에만 주택상환사채를 발행할 수 있다.
승인권자	주택상환사채를 발행하려는 자는 대통령령으로 정하는 바에 따라 주택상환사채 발행계획을 수립하여 국토교통부장관의 승인을 받아야 한다.
발행방법	① 주택상환사채는 기명증권(記名證券)으로 하고, 사채권자의 명의변경은 취득자의 성명과 주소를 사채원부에 기록하는 방법으로 하며, 취득자의 성명을 채권에 기록하지 아니하면 사채발행자 및 제3자에게 대항할 수 없다. ② 주택상환사채의 발행자는 주택상환사채대장을 갖추어 두고 주택상환사채권의 발행 및 상환에 관한 사항을 적어야 한다.
상환기간	① 주택상환사채를 발행한 자는 발행조건에 따라 주택을 건설하여 사채권자에게 상환하여야 한다. ② 주택상환사채의 상환기간은 3년을 초과할 수 없다.
납입금 사용 용도	① 택지의 구입 및 조성 ② 주택건설자재의 구입 ③ 건설공사비에의 충당 ④ 그 밖에 주택상환을 위하여 필요한 비용으로서 국토교통부장관의 승인을 받은 비용에의 충당
효력	등록사업자의 등록이 말소된 경우에도 등록사업자가 발행한 주택상환사채의 효력에는 영향을 미치지 아니한다.

해설

① 한국토지주택공사와 등록사업자는 주택상환사채를 발행할 수 있으며, 등록사업자는 자본금·자산평가액 및 기술인력 등이 대통령령으로 정하는 기준에 맞고 금융기관 또는 주택도시보증공사의 보증을 받은 경우에만 발행할 수 있다.
② 주택상환사채를 발행하려는 자는 주택상환사채발행계획을 수립하여 국토교통부장관의 승인을 받아야 한다.
③ 등록사업자의 등록이 말소된 경우에도 등록사업자가 발행한 주택상환사채의 효력에는 영향을 미치지 아니한다.
⑤ 세대원 전원이 상속에 의하여 취득한 주택으로 이전하는 경우에는 주택상환사채를 양도하거나 중도에 해약할 수 있다.

정답 ④

필살키 082 사업계획승인

주택법령상 주택건설사업에 대한 사업계획의 승인에 관한 설명으로 옳은 것은?

① 사업계획승인권자는 사업계획승인의 신청을 받았을 때에는 정당한 사유가 없으면 신청받은 날부터 30일 이내에 사업주체에게 승인 여부를 통보하여야 한다.
② 사업계획승인권자는 사업주체가 경매로 인하여 대지소유권을 상실한 경우에는 그 사업계획의 승인을 취소하여야 한다.
③ 주택조합이 승인받은 총사업비의 20%의 범위에서 사업비를 감액하는 변경을 할 경우에는 변경승인을 받지 않아도 된다.
④ 지역주택조합은 설립인가를 받은 날부터 3년 이내에 사업계획승인을 신청하여야 한다.
⑤ 주거전용 단독주택인 건축법령상 한옥인 경우 50호 이상의 건설사업을 시행하려는 자는 사업계획승인을 받아야 한다.

해설
① 사업계획승인권자는 사업계획승인의 신청을 받았을 때에는 정당한 사유가 없으면 신청받은 날부터 <u>60일</u> 이내에 사업주체에게 승인 여부를 통보하여야 한다.
② 사업계획승인권자는 사업주체가 경매로 인하여 대지소유권을 상실한 경우에는 그 사업계획의 승인을 <u>취소할 수 있다</u>.
③ 주택조합이 승인받은 총사업비의 20%의 범위에서 사업비를 감액하는 변경을 하려면 <u>변경승인을 받아야 한다</u>.
④ 지역주택조합은 설립인가를 받은 날부터 <u>2년</u> 이내에 사업계획승인을 신청하여야 한다.

정답 ⑤

필살키 083 주택의 건설

주택법령상 사업계획승인을 받아 건설되는 주택에 관한 설명으로 옳은 것은?

① 국가 또는 지방자치단체인 사업주체는 사업계획승인을 받은 주택건설공사의 설계와 시공을 분리하여 발주할 수 없다.
② 사업주체가 사업계획승인을 받아 주택을 건설하려는 경우에는 에너지 고효율 설비기술 및 자재 적용 등 대통령령으로 정하는 바에 따라 에너지절약형 친환경주택으로 건설하여야 한다.
③ 국가, 지방자치단체 및 공공기관의 장은 장수명 주택을 공급하는 사업주체 및 장수명 주택 취득자에게 법률 등에서 정하는 바에 따라 행정상·세제상의 지원을 할 수는 없다.
④ 국토교통부장관은 바닥충격음 성능등급 인정기관이 정당한 사유 없이 2년 이상 계속하여 인정업무를 수행하지 아니한 경우 그 지정을 취소하여야 한다.
⑤ 국토교통부장관은 실외소음도 측정기관이 거짓이나 그 밖의 부정한 방법으로 실외소음도 측정기관으로 지정을 받은 경우에는 그 지정을 취소할 수 있다.

해설

① 국가 또는 지방자치단체인 사업주체는 사업계획승인을 받은 주택건설공사의 설계와 시공을 분리하여 발주하여야 한다. 다만, 주택건설공사 중 대통령령으로 정하는 대형공사로서 기술관리상 설계와 시공을 분리하여 발주할 수 없는 공사의 경우에는 대통령령으로 정하는 입찰방법으로 시행할 수 있다.
③ 국가, 지방자치단체 및 공공기관의 장은 장수명 주택을 공급하는 사업주체 및 장수명 주택 취득자에게 법률 등에서 정하는 바에 따라 행정상·세제상의 지원을 할 수 있다.
④ 국토교통부장관은 바닥충격음 성능등급 인정기관이 정당한 사유 없이 2년 이상 계속하여 인정업무를 수행하지 아니한 경우 그 지정을 취소할 수 있다.
⑤ 국토교통부장관은 실외소음도 측정기관이 거짓이나 그 밖의 부정한 방법으로 실외소음도 측정기관으로 지정을 받은 경우에는 그 지정을 취소하여야 한다.

정답 ②

필살기 084 매도청구

주택법령상 사업계획승인을 받은 사업주체에게 인정되는 매도청구권에 관한 설명으로 옳은 것은?

① 리모델링의 허가를 신청하기 위한 동의율을 확보한 경우 리모델링 결의를 한 리모델링주택조합은 그 리모델링 결의에 찬성하지 아니하는 자의 주택 및 토지에 대하여 매도청구를 할 수 없다.

② 주택건설대지에 사용권원을 확보하지 못한 대지는 물론 건축물이 있는 경우 그 대지(건축물)는 매도청구의 대상이 되지 않는다.

③ 사업주체는 매도청구일 전 60일부터 매도청구 대상이 되는 대지의 소유자와 협의를 진행하여야 한다.

④ 사업주체가 주택건설대지면적 중 100분의 95에 대하여 사용권원을 확보한 경우, 사용권원을 확보하지 못한 대지의 일부 소유자에게만 매도청구를 할 수 있다.

⑤ 사업주체가 주택건설대지면적 중 100분의 80에 대하여 사용권원을 확보한 경우, 사용권원을 확보하지 못한 대지의 소유자 중 지구단위계획구역 결정고시일 10년 이전에 해당 대지의 소유권을 취득하여 계속 보유하고 있는 자를 제외한 소유자에게 매도청구를 할 수 있다.

해설

① 리모델링의 허가를 신청하기 위한 동의율을 확보한 경우 리모델링 결의를 한 리모델링주택조합은 그 리모델링 결의에 찬성하지 아니하는 자의 주택 및 토지에 대하여 매도청구를 할 수 있다.

② 주택건설대지에 사용권원을 확보하지 못한 대지는 물론 건축물이 있는 경우라도 그 대지(건축물)는 매도청구의 대상이 된다.

③ 사업주체는 매도청구 대상이 되는 대지의 소유자와 매도청구를 하기 전에 3개월 이상 협의를 하여야 한다.

④ 사업주체가 주택건설대지면적 중 100분의 95 이상의 사용권원을 확보한 경우, 사용권원을 확보하지 못한 대지의 모든 소유자에게 매도청구를 할 수 있다.

정답 ⑤

필살카 085 분양가상한제

주택법령상 주택의 공급 및 분양가상한제에 관한 설명으로 옳은 것은?

① 한국토지주택공사가 사업주체로서 복리시설의 입주자를 모집하려는 경우 시장·군수·구청장에게 신고하여야 한다.
② 시·도지사는 분양가격의 제한 및 공시에 관한 사항을 심의하기 위하여 분양가심사위원회를 설치·운영하여야 한다.
③ 「관광진흥법」에 따라 지정된 관광특구에서 건설·공급하는 높이가 120m인 아파트는 분양가상한제의 적용대상이다.
④ 공공택지 외의 택지로서 분양가상한제가 적용되는 지역에서 공급하는 도시형 생활주택은 분양가상한제의 적용을 받는다.
⑤ 시장·군수·구청장은 공공택지에서 공급하는 분양가상한제 적용주택에 대하여 입주자모집승인을 받았을 때에는 분양가격을 공시하여야 한다.

해설

① 국가·지방자치단체·한국토지주택공사 또는 지방공사가 아닌 사업주체는 입주자를 모집하려는 경우 일정한 서류를 갖추어 시장·군수·구청장의 승인(복리시설의 경우에는 신고)을 받아야 하지만, 공공주택사업자가 사업주체인 경우는 제외된다.
② 시장·군수·구청장은 분양가격의 제한 및 공시에 관한 사항을 심의하기 위하여 분양가심사위원회를 설치·운영하여야 한다.
④ 공공택지 외의 택지로서 분양가상한제가 적용되는 지역에서 공급하는 도시형 생활주택은 분양가상한제의 적용을 받지 않는다.
⑤ 사업주체가 공공택지에서 공급하는 분양가상한제 적용주택에 대하여 입주자모집승인을 받았을 때에는 분양가격을 공시하여야 한다.

+PLUS 주택을 공급하는 자의 의무

사업주체는 다음에서 정하는 바에 따라 주택을 건설·공급하여야 한다. 이 경우 국가유공자, 보훈보상대상자, 장애인, 철거주택의 소유자, 그 밖에 국토교통부령으로 정하는 대상자에게는 국토교통부령으로 정하는 바에 따라 입주자 모집조건 등을 달리 정하여 별도로 공급할 수 있다.

사업주체가 입주자를 모집하려는 경우	① 국토교통부령으로 정하는 바에 따라 시장·군수·구청장의 승인을 받아야 한다(단, 복리시설의 경우에는 신고). ② 공공주택사업자(국가·지방자치단체·한국토지주택공사·지방공사)는 승인을 받지 아니하며, 복리시설의 경우에는 신고하지 않아도 된다.
사업주체가 건설하는 주택을 공급하려는 경우	① 국토교통부령으로 정하는 입주자 모집의 시기·조건·방법·절차, 입주금의 납부방법·시기·절차, 주택공급계약의 방법·절차 등에 적합할 것 ② 국토교통부령으로 정하는 바에 따라 벽지·바닥재·주방용구·조명기구 등을 제외한 부분의 가격을 따로 제시하고, 이를 입주자가 선택할 수 있도록 할 것

정답 ③

필살키 086 공급질서 교란행위

주택법령상 주택공급과 관련하여 금지되는 공급질서 교란행위에 해당하지 않는 것은?

① 주택을 공급받을 수 있는 조합원 지위의 매매를 위한 인터넷 광고
② 주택상환사채의 증여
③ 시장이 발행한 무허가건물확인서를 매매할 목적으로 하는 광고
④ 입주자저축증서의 저당
⑤ 공공사업의 시행으로 인한 이주대책에 의하여 주택을 공급받을 수 있는 지위의 매매

해설

상속과 저당은 금지대상에 해당하지 아니한다.

+PLUS 공급질서 교란 금지

누구든지 「주택법」에 따라 건설·공급되는 주택을 공급받거나 공급받게 하기 위하여 다음의 어느 하나에 해당하는 증서 또는 지위를 양도·양수(매매·증여나 그 밖에 권리 변동을 수반하는 모든 행위를 포함하되, 상속·저당의 경우는 제외) 또는 이를 알선하거나 양도·양수 또는 이를 알선할 목적으로 하는 광고(각종 간행물·인쇄물·전화·인터넷, 그 밖의 매체를 통한 행위를 포함)를 하여서는 아니 되며, 누구든지 거짓이나 그 밖의 부정한 방법으로 「주택법」에 따라 건설·공급되는 증서나 지위 또는 주택을 공급받거나 공급받게 하여서는 아니 된다.

1. 주택을 공급받을 수 있는 지위
2. 입주자저축증서
3. 주택상환사채
4. 시장·군수·구청장이 발행한 무허가건물 확인서, 건물철거예정증명서 또는 건물철거 확인서
5. 공공사업의 시행으로 인한 이주대책에 따라 주택을 공급받을 수 있는 지위 또는 이주대책대상자 확인서

정답 ④

필살기 087 주택의 공급

주택법령상 주택의 공급에 관한 설명으로 옳지 않은 것은?

① 사업주체는 공급하려는 주택에 대하여 대통령령으로 정하는 내용이 포함된 표시 및 광고를 한 경우 대통령령으로 정하는 바에 따라 해당 표시 또는 광고의 사본을 시장·군수·구청장에게 제출하여야 한다. 이 경우 시장·군수·구청장은 제출받은 표시 또는 광고의 사본을 사용검사가 있은 날부터 2년 이상 보관하여야 하며, 입주자가 열람을 요구하는 경우 이를 공개하여야 한다.

② 사업주체가 주택의 공급업무를 대행하게 하는 경우 분양대행자에 대한 교육을 실시하는 등 국토교통부령으로 정하는 관리·감독 조치를 시행하여야 한다.

③ 국토교통부장관은 주택을 공급받으려는 자의 입주자자격, 주택의 소유 여부, 재당첨 제한 여부, 공급 순위 등을 확인하거나 요청받은 정보를 제공하기 위하여 필요하다고 인정하는 경우에는 주민등록 전산정보, 가족관계 등록사항, 국세, 지방세, 금융, 토지, 건물, 자동차, 건강보험, 국민연금, 고용보험 및 산업재해보상보험 등의 자료 또는 정보의 제공을 관계 기관의 장에게 요청할 수 있다.

④ 국토교통부장관은 주택을 공급받으려는 자가 요청하는 경우 주택공급 신청 전에 입주자자격, 주택의 소유 여부, 재당첨 제한 여부, 공급 순위 등에 관한 정보를 제공할 수 있다.

⑤ 사업주체가 「수도권정비계획법」에 따른 수도권에서 건설·공급하는 분양가상한제 적용주택 또는 토지임대부 분양주택에 해당하는 주택의 입주자(상속받은 자는 제외)는 해당 주택의 최초 입주가능일부터 5년 이내에 입주하여야 하고, 해당 주택의 분양가격과 국토교통부장관이 고시한 방법으로 결정된 인근지역 주택매매가격의 비율에 따라 7년 이내의 범위에서 대통령령으로 정하는 기간 동안 계속하여 해당 주택에 거주하여야 한다. 다만, 해외 체류 등 대통령령으로 정하는 부득이한 사유가 있는 경우 그 기간은 해당 주택에 거주한 것으로 본다.

해설

사업주체가 「수도권정비계획법」에 따른 수도권에서 건설·공급하는 분양가상한제 적용주택 또는 토지임대부 분양주택에 해당하는 주택의 입주자(상속받은 자는 제외)는 해당 주택의 최초 입주가능일부터 3년 이내에 입주하여야 하고, 해당 주택의 분양가격과 국토교통부장관이 고시한 방법으로 결정된 인근지역 주택매매가격의 비율에 따라 5년 이내의 범위에서 대통령령으로 정하는 기간 동안 계속하여 해당 주택에 거주하여야 한다. 다만, 해외 체류 등 대통령령으로 정하는 부득이한 사유가 있는 경우 그 기간은 해당 주택에 거주한 것으로 본다.

정답 ⑤

필살키 088 투기과열지구

주택법령상 투기과열지구에 관한 설명으로 옳은 것은?

① 일정한 지역의 주택가격상승률이 물가상승률보다 현저히 높은 경우 관할 시장·군수·구청장은 해당 지역을 투기과열지구로 지정할 수 있다.
② 투기과열지구 지정 직전월의 주택분양실적이 전달보다 40% 감소한 곳은 투기과열지구로 지정하여야 한다.
③ 투기과열지구 지정 직전월부터 소급하여 주택공급이 있었던 6개월 동안 해당 지역에서 공급되는 주택의 월별 평균 청약경쟁률이 모두 10대 1을 초과했거나 국민주택규모 주택의 월별 평균 청약경쟁률이 모두 5대 1을 초과한 곳은 투기과열지구로 지정하여야 한다.
④ 투기과열지구에서 주택의 입주자로 선정된 지위는 이혼으로 인하여 배우자에게 이전이 불가피하고 한국토지주택공사의 동의를 받은 경우에도 배우자에게 이전할 수 없다.
⑤ 투기과열지구 지정 후 해당 지역의 주택가격이 안정되어 지정 사유가 없어진 경우 해당 지역에 거주하는 법령이 정한 수 이상의 토지소유자는 시·도지사에게 투기과열지구 지정의 해제를 요청할 수 있다.

해설

① 일정한 지역의 주택가격상승률이 물가상승률보다 현저히 높은 경우 국토교통부장관 또는 시·도지사는 해당 지역을 투기과열지구로 지정할 수 있다.
③ 투기과열지구 지정 직전월부터 소급하여 주택공급이 있었던 2개월 동안 해당 지역에서 공급되는 주택의 월별 평균 청약경쟁률이 모두 5대 1을 초과했거나 국민주택규모 주택의 월별 평균 청약경쟁률이 모두 10대 1을 초과한 곳은 투기과열지구로 지정하여야 한다.
④ 투기과열지구에서 주택의 입주자로 선정된 지위는 이혼으로 인하여 배우자에게 이전이 불가피하고 한국토지주택공사의 동의를 받은 경우에는 배우자에게 이전할 수 있다.
⑤ 토지소유자가 아닌 투기과열지구로 지정된 지역의 시·도지사 또는 시장·군수·구청장은 투기과열지구 지정 후 해당 지역의 주택가격이 안정되는 등 지정 사유가 없어졌다고 인정되는 경우에는 국토교통부장관 또는 시·도지사에게 투기과열지구 지정의 해제를 요청할 수 있다.

+PLUS 투기과열지구 지정기준

1. 투기과열지구 지정 직전월(투기과열지구로 지정하는 날이 속하는 달의 바로 전달)부터 소급하여 주택공급이 있었던 2개월 동안 해당 지역에서 공급되는 주택의 월별 평균 청약경쟁률이 모두 5대 1을 초과했거나 국민주택규모 주택의 월별 평균 청약경쟁률이 모두 10대 1을 초과한 곳
2. 다음에 해당하는 곳으로서 주택공급이 위축될 우려가 있는 곳
    ① 투기과열지구 지정 직전월의 주택분양실적이 전달보다 30% 이상 감소한 곳
    ② 주택건설사업계획승인 건수나 「건축법」에 따른 건축허가 건수(투기과열지구 지정 직전월부터 소급하여 6개월간의 건수)가 직전 연도보다 급격하게 감소한 곳
3. 신도시 개발이나 주택 전매행위의 성행 등으로 투기 및 주거불안의 우려가 있는 곳으로서 다음에 해당하는 곳
    ① 해당 지역이 속하는 시·도의 주택보급률이 전국 평균 이하인 곳
    ② 해당 지역이 속하는 시·도의 자가주택비율이 전국 평균 이하인 곳
    ③ 해당 지역의 분양주택(투기과열지구로 지정하는 날이 속하는 연도의 직전 연도에 분양된 주택)의 수가 입주자저축에 가입한 사람으로서 국토교통부령으로 정하는 사람의 수보다 현저히 적은 곳

정답 ②

필살귀 089 주택의 전매행위 제한

주택법령상 주택의 전매행위 제한 등에 관한 설명으로 옳은 것은?

① 투기과열지구에서 건설·공급되는 주택의 입주자로 선정된 지위의 전매제한기간은 수도권은 5년, 수도권 외의 지역은 3년으로 한다.
② 사업주체가 전매행위가 제한되는 조정대상지역에서 건설·공급되는 주택을 공급하는 경우 그 주택의 소유권을 제3자에게 이전할 수 없음을 소유권에 관한 등기에 부기등기하여야 한다.
③ 전매행위 제한을 위반하여 주택의 입주자로 선정된 지위의 전매가 이루어진 경우 사업주체가 전매대금을 지급하고 해당 입주자로 선정된 지위를 매입하여야 한다.
④ 수도권이 아닌 지역으로서 공공택지 외의 택지에서 건설·공급되는 주택의 소유자가 국가에 대한 채무를 이행하지 못하여 공매가 시행되는 경우에는 한국토지주택공사의 동의를 받아 전매를 할 수 있다.
⑤ 세대주의 근무상 사정으로 인하여 세대원 일부가 다른 광역시, 특별자치시, 특별자치도, 시 또는 군(광역시의 관할 구역에 있는 군은 제외)으로 이전하는 경우 또는 세대원 일부가 해외로 이주하는 경우로서 한국토지주택공사의 동의를 받은 경우에는 전매제한 주택을 전매할 수 있다.

해설

① 투기과열지구에서 건설·공급되는 주택의 입주자로 선정된 지위의 전매제한기간은 수도권은 3년, 수도권 외의 지역은 1년으로 한다.
② 사업주체가 전매행위가 제한되는 분양가상한제 적용주택, 공공택지 외의 택지 또는 토지임대부 분양주택에서 건설·공급되는 주택을 공급하는 경우 그 주택의 소유권을 제3자에게 이전할 수 없음을 소유권에 관한 등기에 부기등기하여야 한다.
③ 주택의 입주자로 선정된 지위의 전매가 이루어진 경우, 사업주체가 금액(매입비용)을 매수인에게 지급한 경우에는 그 지급한 날에 사업주체가 해당 입주자로 선정된 지위를 취득한 것으로 본다.
⑤ 세대주의 근무상 사정으로 인하여 세대원 전원이 다른 광역시, 특별자치시, 특별자치도, 시 또는 군(광역시의 관할 구역에 있는 군 제외)으로 이전하는 경우(수도권 안에서 이전하는 경우는 제외) 또는 세대원 전원이 해외로 이주하는 경우로서 한국토지주택공사의 동의를 받은 경우에는 전매제한 주택을 전매할 수 있다.

정답 ④

필살키 090 토지임대부 분양주택

주택법령상 토지임대부 분양주택에 관한 설명으로 옳은 것은?

① 토지임대부 분양주택의 토지에 대한 임대차기간은 10년 이내로 한다.
② 토지임대부 분양주택 소유자의 60% 이상이 계약갱신을 청구하는 경우 10년의 범위에서 이를 갱신할 수 있다.
③ 토지임대료는 분기별 임대료를 원칙으로 하되, 토지소유자와 주택을 공급받은 자가 합의한 경우 대통령령으로 정하는 바에 따라 임대료를 선납하거나 보증금으로 전환하여 납부할 수 있다.
④ 토지임대부 분양주택을 공급받은 자가 토지소유자와 임대차계약을 체결한 경우 해당 주택의 구분소유권을 목적으로 그 토지 위에 임대차기간 동안 지상권이 설정된 것으로 본다.
⑤ 토지임대부 분양주택을 공급받은 자는 전매제한기간이 지나기 전에는 대통령령으로 정하는 바에 따라 한국토지주택공사에 해당 주택의 매입을 신청할 수 없다.

해설

① 토지임대부 분양주택의 토지에 대한 임대차기간은 <u>40년</u> 이내로 한다.
② 토지임대부 분양주택 소유자의 <u>75%</u> 이상이 계약갱신을 청구하는 경우 <u>40년</u>의 범위에서 이를 갱신할 수 있다.
③ 토지임대료는 <u>월별</u> 임대료를 원칙으로 하되, 토지소유자와 주택을 공급받은 자가 합의한 경우 대통령령으로 정하는 바에 따라 임대료를 선납하거나 보증금으로 전환하여 납부할 수 있다.
⑤ 토지임대부 분양주택을 공급받은 자는 전매제한기간이 지나기 전에 대통령령으로 정하는 바에 따라 한국토지주택공사에 해당 주택의 매입을 신청할 수 <u>있다</u>.

정답 ④

PART 06 농지법

15 · 20 · 27 · 30 · 35회

합격서 p.164

필살키 091 용어의 정의

「농지법」의 적용대상이 되는 농지의 범위와 용어설명으로 옳은 것은?

① 관상용 수목의 묘목을 조경목적으로 식재한 재배지로 실제로 이용되는 토지는 '농지'에 해당한다.
② 농지소유자가 타인에게 일정한 보수를 지급하기로 약정하고 농작업의 일부만을 위탁하여 행하는 농업경영은 '위탁경영'에 해당하지 않는다.
③ 인삼의 재배지로 계속하여 이용되는 기간이 2년인 지목이 전(田)인 토지는 '농지'에 해당한다.
④ 900m^2의 농지에서 다년생식물을 재배하면서 1년 중 80일을 농업에 종사하는 자는 '농업인'에 해당한다.
⑤ 소가축 80두를 사육하면서 1년 중 100일을 축산업에 종사하는 개인은 '농업인'에 해당한다.

해설

① 조경 또는 관상용 수목과 그 묘목 등에 해당하는 다년생식물 재배지로 이용되는 토지는 농지에 해당한다. 다만, 조경목적으로 식재한 것은 제외된다.
② 농지소유자가 타인에게 일정한 보수를 지급하기로 약정하고 농작업의 일부만을 위탁하여 행하는 농업경영도 '위탁경영'에 해당한다.
④ 1,000m^2 이상의 농지에서 다년생식물을 재배하거나 1년 중 90일 이상을 농업에 종사하는 자는 '농업인'에 해당한다.
⑤ 소가축 100두 이상을 사육하거나 1년 중 120일 이상을 축산업에 종사하는 개인은 '농업인'에 해당한다.

+PLUS 농지의 범위

농지란 다음의 어느 하나에 해당하는 토지를 말한다.

1. 전·답, 과수원, 그 밖에 법적 지목(地目)을 불문하고 실제로 농작물 경작지 또는 다음의 다년생식물 재배지로 이용되는 토지
   ① 목초·종묘·인삼·약초·잔디 및 조림용 묘목
   ② 과수·뽕나무·유실수 그 밖의 생육기간이 2년 이상인 식물
   ③ 조경 또는 관상용 수목과 그 묘목(조경목적으로 식재한 것은 제외)
2. 농작물의 경작지 또는 다년생식물 재배지로 이용하고 있는 토지의 개량시설
   ① 유지(溜池: 웅덩이), 양·배수시설, 수로, 농로, 제방
   ② 그 밖에 농지의 보전이나 이용에 필요한 시설로서 농림축산식품부령으로 정하는 시설
3. 농작물의 경작지 또는 다년생식물 재배지에 설치하는 농축산물 생산시설의 부지
   ① 고정식온실·버섯재배사 및 비닐하우스와 농림축산식품부령으로 정하는 그 부속시설
   ② 축사·곤충사육사와 농림축산식품부령으로 정하는 그 부속시설
   ③ 간이퇴비장
   ④ 농막·간이저온저장고 및 간이액비저장조 중 농림축산식품부령으로 정하는 시설

정답 ③

필살키 092 농지의 소유

농지법령상 농지의 소유에 관한 설명으로 옳은 것은?

① 농지를 취득한 자가 징집으로 인하여 그 농지를 주말·체험영농에 이용하지 못하게 되면 1년 이내에 그 농지를 처분하여야 한다.
② 주말·체험영농을 하려는 사람은 총 1천m²까지만 농지를 소유할 수 있다. 이 경우 면적계산은 그 세대원 전부가 소유하는 총면적으로 한다.
③ 상속으로 농지를 취득한 자로서 농업경영을 하지 아니하는 자는 그 상속농지 중에서 총 1만m²까지만 소유할 수 있다.
④ 군수는 처분명령을 받은 후 정당한 사유 없이 지정기간까지 그 처분명령을 이행하지 아니한 자에게 해당 농지의 감정평가법인 등에 감정평가한 감정가격 또는 개별공시지가 중 더 높은 가액의 100분의 30에 해당하는 이행강제금을 부과한다.
⑤ 농지소유자가 시장·군수 또는 구청장으로부터 농지처분명령을 받은 경우 한국토지주택공사에 그 농지의 매수를 청구할 수 있다.

해설

① 「병역법」에 따라 징집 또는 소집되어 휴경하는 경우에는 처분의무사유에 해당하지 않는다.
② 주말·체험영농을 하려는 사람은 총 1천m² 미만의 농지를 소유할 수 있다. 이 경우 면적계산은 그 세대원 전부가 소유하는 총면적으로 한다.
④ 군수는 처분명령을 받은 후 정당한 사유 없이 지정기간까지 그 처분명령을 이행하지 아니한 자에게 해당 농지의 감정평가법인 등에 감정평가한 감정가격 또는 개별공시지가 중 더 높은 가액의 100분의 25에 해당하는 이행강제금을 부과한다.
⑤ 농지소유자가 시장·군수 또는 구청장으로부터 농지처분명령을 받은 경우 한국농어촌공사에 그 농지의 매수를 청구할 수 있다.

정답 ③

필살키 093 농지취득자격증명

농지법령상 농지취득자격증명을 발급받지 아니하고 농지를 취득할 수 있는 경우를 모두 고른 것은?

㉠ 상속으로 농지를 취득하는 경우
㉡ 주말·체험영농을 하려고 농업진흥지역 외의 농지를 소유하는 경우
㉢ 국가나 지방자치단체가 농지를 소유하는 경우
㉣ 공유농지의 분할로 농지를 취득하는 경우
㉤ 농지를 농업인 주택의 부지로 전용하려고 농지전용신고를 한 자가 그 농지를 취득하는 경우
㉥ 농업법인의 합병으로 농지를 취득하는 경우

① ㉡, ㉣, ㉥
② ㉠, ㉡, ㉢, ㉤
③ ㉠, ㉢, ㉣, ㉥
④ ㉡, ㉢, ㉤, ㉥
⑤ ㉠, ㉡, ㉢, ㉣, ㉤, ㉥

해설

㉡ 주말·체험영농을 하려고 농업진흥지역 외의 농지를 소유하는 경우와 ㉤ 농지를 농업인 주택의 부지로 전용하려고 농지전용신고를 한 자가 그 농지를 취득하는 경우에는 농지취득자격증명을 발급받아야만 농지를 취득할 수 있다.

+PLUS 농지취득자격증명 발급대상의 예외

다음의 어느 하나에 해당하면 농지취득자격증명을 발급받지 아니하고 농지를 취득할 수 있다.

1. 국가나 지방자치단체가 농지를 소유하는 경우
2. 상속(상속인에게 한 유증을 포함)으로 농지를 취득하여 소유하는 경우
3. 담보농지를 취득하여 소유하는 경우
4. 농지전용협의를 마친 농지를 소유하는 경우
5. 다음의 규정에 따라 농지를 취득하여 소유하는 경우
   ① 한국농어촌공사가 농지를 취득하여 소유하는 경우
   ② 「농어촌정비법」에 따라 농지를 취득하여 소유하는 경우
   ③ 「공유수면 관리 및 매립에 관한 법률」에 따라 매립농지를 취득하여 소유하는 경우
   ④ 토지수용으로 농지를 취득하여 소유하는 경우
   ⑤ 농림축산식품부장관과 협의를 마치고 「공익사업을 위한 토지 등의 취득 및 보상에 관한 법률」에 따라 농지를 취득하여 소유하는 경우
6. 농업법인의 합병으로 농지를 취득하는 경우
7. 공유농지의 분할로 농지를 취득하는 경우
8. 시효의 완성으로 농지를 취득하는 경우
9. 농지이용증진사업 시행계획에 따라 농지를 취득하는 경우

정답 ③

필살키 094 농지의 대리경작 및 임대차

농지법령상 농지의 대리경작 및 임대차에 관한 설명으로 옳은 것은?

① 농업경영을 하려는 자에게 농지를 임대하는 경우 서면계약을 원칙으로 한다.
② 유휴농지를 대리경작하는 경우 대리경작자는 수확량의 100분의 20을 그 농지의 소유권자나 임차권자에게 토지사용료로 지급하여야 한다.
③ 개인이 소유하고 있는 농지 중 3년 이상 소유한 농지를 주말·체험영농을 하려는 자에게 임대하는 것을 업(業)으로 하는 자에게 자신의 농지를 임대할 수 없다.
④ 유휴농지의 대리경작기간은 따로 정하지 아니하면 5년으로 한다.
⑤ 지력의 증진을 위하여 필요한 기간 동안 휴경하는 농지에 대하여는 대리경작자를 지정할 수 있다.

+PLUS 대리경작 방법

대리경작 기간	대리경작 기간은 따로 정하지 아니하면 3년으로 한다.
대리경작자의 의무	대리경작자는 수확량의 100분의 10을 농림축산식품부령으로 정하는 바에 따라 그 농지의 소유권자나 임차권자에게 토지사용료로 지급하여야 한다. 이 경우 수령을 거부하거나 지급이 곤란한 경우에는 토지사용료를 공탁할 수 있다.

+PLUS 임대차계약기간

1. 임대차기간은 3년 이상(자경 농지를 농림축산식품부장관이 정하는 이모작을 위하여 8개월 이내로 임대하거나 무상사용하게 하는 경우는 제외)으로 하여야 한다. 다만, 다년생식물 재배지 등 다음에 해당하는 농지의 경우에는 5년 이상으로 하여야 한다.
   ① 농지의 임차인이 다년생식물의 재배지로 이용하는 농지
   ② 농지의 임차인이 농작물의 재배시설로서 고정식 온실 또는 비닐하우스를 설치한 농지
2. 임대차기간을 정하지 아니하거나 3년(다년생식물 재배지 등의 경우: 5년) 미만으로 정한 경우에는 3년(다년생식물 재배지 등의 경우: 5년)으로 약정된 것으로 본다. 다만, 임차인은 3년(다년생식물 재배지 등의 경우: 5년) 미만으로 정한 임대차기간이 유효함을 주장할 수 있다.
3. 임대인은 질병, 징집 등 다음에서 정하는 불가피한 사유가 있는 경우에는 임대차기간을 3년(다년생식물 재배지 등의 경우: 5년) 미만으로 정할 수 있다.
   ① 질병, 징집, 취학의 경우
   ② 선거에 의한 공직(公職)에 취임하는 경우
   ③ 부상으로 3개월 이상의 치료가 필요한 경우
   ④ 교도소·구치소 또는 보호감호시설에 수용 중인 경우
   ⑤ 농업법인이 청산 중인 경우
   ⑥ 농지전용허가를 받았거나 농지전용신고를 하였으나 농지전용목적사업에 착수하지 않은 경우

해설

② 유휴농지를 대리경작하는 경우 대리경작자는 수확량의 <u>100분의 10</u>을 그 농지의 소유권자나 임차권자에게 토지사용료로 지급하여야 한다.
③ 개인이 소유하고 있는 농지 중 3년 이상 소유한 농지를 주말·체험영농을 하려는 자에게 임대하는 것을 업(業)으로 하는 자에게 자신의 농지를 임대할 수 <u>있다</u>.
④ 유휴농지의 대리경작기간은 따로 정하지 아니하면 <u>3년</u>으로 한다.
⑤ 지력의 증진을 위하여 필요한 기간 동안 휴경하는 농지에 대하여는 대리경작자를 지정할 수 <u>없다</u>.

정답 ①

필살키 095 농지의 보전

농지법령상 농지의 보전에 관한 설명으로 옳은 것은?

① 농지를 농업인 주택, 농수산물 유통·가공시설, 농업인의 공동생활 편의시설 부지로 전용하려는 자는 시·도지사에게 신고하여야 한다.
② 농업진흥지역 밖의 농지를 농지전용허가를 받지 아니하고 전용한 자는 3년 이하의 징역 또는 해당 토지가액의 100분의 60에 해당하는 금액 이하의 벌금에 처한다.
③ 농업보호구역의 용수원 확보, 수질보전 등 농업 환경을 보호하기 위하여 필요한 지역을 농업진흥구역으로 지정할 수 있다.
④ 농지전용허가를 받은 자가 관계 공사의 중지명령을 위반한 경우에는 허가를 취소하여야 한다.
⑤ 산지전용허가를 받지 아니하고 불법으로 개간한 농지라도 이를 다시 산림으로 복구하려면 농지전용허가를 받아야 한다.

해설

① 농지를 농업인 주택, 농수산물 유통·가공시설, 농업인의 공동생활 편의시설 부지로 전용하려는 자는 시장·군수 또는 자치구구청장에게 신고하여야 한다.
② 농업진흥지역 밖의 농지를 농지전용허가를 받지 아니하고 전용한 자는 3년 이하의 징역 또는 해당 토지가액의 100분의 50에 해당하는 금액 이하의 벌금에 처한다.
③ 농업진흥구역의 용수원 확보, 수질보전 등 농업환경을 보호하기 위하여 필요한 지역을 농업보호구역으로 지정할 수 있다.
⑤ 산지전용허가를 받지 아니하고 불법으로 개간한 농지라도 이를 다시 산림으로 복구하는 경우에는 농지전용허가를 받지 아니한다.

+PLUS 농업진흥지역의 지정대상

지정권자	시·도지사는 농지를 효율적으로 이용하고 보전하기 위하여 농업진흥지역을 지정한다.
지정대상 지역	농업진흥지역 지정은 「국토의 계획 및 이용에 관한 법률」에 따른 녹지지역·관리지역·농림지역 및 자연환경보전지역을 대상으로 한다. 다만, 특별시의 녹지지역은 제외한다.
농업진흥 지역	농업진흥구역과 농업보호구역으로 구분하여 지정할 수 있다. ① 농업진흥구역: 농업의 진흥을 도모하여야 하는 지역으로서 농림축산식품부장관이 정하는 규모로 농지가 집단화되어 농업 목적으로 이용할 필요가 있는 지역 ② 농업보호구역: 농업진흥구역의 용수원 확보, 수질 보전 등 농업 환경을 보호하기 위하여 필요한 지역

정답 ④

PART 07 계산문제

필살키 096 걸치는 경우(1)

16·20·21회 합격서 p.33

대지로 조성된 1,000m² 토지가 그중 700m²는 제2종 일반주거지역, 나머지는 제1종 일반주거지역에 걸쳐 있을 때, 이 토지에 건축할 수 있는 건축물의 최대 연면적은 얼마인가? (다만, 당해 토지가 속해 있는 지역의 제2종 일반주거지역 및 제1종 일반주거지역의 용적률의 최대한도는 각각 150% 및 100%로 하고, 다른 건축제한이나 인센티브는 고려하지 않음)

① 850m²
② 1,000m²
③ 1,150m²
④ 1,350m²
⑤ 1,500m²

해설

1,000m² 중 700m²는 제2종 일반주거지역, 나머지 300m²는 제1종 일반주거지역에 걸쳐 있을 때, 토지 중 330m² 이하인 부분이 있는 경우 전체 대지의 용적률은 가중평균한 값을 적용한다.
[(700 × 150%) + (300 × 100%)]/1,000 = 135%
∴ 1,000m² 대지에 적용받을 용적률은 135%이므로 건축 가능한 최대 연면적은 1,350m²가 된다.

정답 ④

필살키 097 걸치는 경우(2)

19회 합격서 p.33

K시에 소재하고 있는 甲의 대지는 제2종 일반주거지역과 생산녹지지역에 걸쳐 있으면서, 그 총면적은 1,000m²이다. 이 경우 제2종 일반주거지역의 건축 가능한 최대 연면적이 1,200m²일 때, 甲의 대지 위에 건축 가능한 건물의 최대 연면적은 얼마인가? (단, K시의 도시·군계획조례상 생산녹지지역의 용적률은 50%, 제2종 일반주거지역의 용적률은 200%, 기타 건축제한은 고려하지 아니함)

① 1,200m²
② 1,400m²
③ 1,500m²
④ 1,600m²
⑤ 1,800m²

해설

(1) 하나의 대지가 녹지지역과 그 밖의 용도지역 등에 걸쳐 있는 경우에는 각각의 용도지역 등의 규정을 적용한다.
(2) 제2종 일반주거지역의 건축 가능한 최대연면적이 1,200m²이고 그 용적률이 200%이므로, 제2종 일반주거지역의 대지면적은 600m²이고 생산녹지지역의 면적은 400m²가 된다.
∴ 생산녹지지역의 용적률이 50%이고 그 면적이 400m²이므로, 생산녹지지역에서의 건축 가능한 연면적은 200m², 제2종 일반주거지역에서는 1,200m²이므로, 건축 가능한 최대 연면적은 1,400m²가 된다.

정답 ②

필살키 098 지구단위계획 완화적용

국토의 계획 및 이용에 관한 법령상 일반상업지역 내의 지구단위계획구역에서 건폐율이 60%이고 대지면적이 400m²인 부지에 건축물을 건축하려는 자가 그 부지 중 100m²를 공공시설의 부지로 제공하는 경우, 지구단위계획으로 완화하여 적용할 수 있는 건폐율의 최대한도(%)는 얼마인가? (단, 조례는 고려하지 않으며, 건축주가 용도폐지되는 공공시설을 무상양수받을 경우가 아님)

① 60%
② 65%
③ 70%
④ 75%
⑤ 80%

해설
완화할 수 있는 건폐율
= 해당 용도지역에 적용되는 건폐율 × [1 + 공공시설 등의 부지로 제공하는 면적 ÷ 원래의 대지면적]
∴ 60% × [1 + 100m² ÷ 400m²] = 75%

정답 ④

필살키 099 평균 토지부담률

도시개발법령상 다음 조건에서 환지계획구역의 평균 토지부담률은 얼마인가?

- 환지계획구역 면적: 120만m²
- 보류지 면적: 60만m²
- 체비지 면적: 30만m²
- 시행자에게 무상귀속되는 공공시설 면적: 20만m²
- 청산 대상 토지면적: 10만m²

① 10%
② 25%
③ 40%
④ 50%
⑤ 60%

해설
평균 토지부담률
= (보류지 면적 − 시행자에게 무상귀속되는 토지와 시행자가 소유하는 토지)/(환지계획구역 면적 − 시행자에게 무상귀속되는 토지와 시행자가 소유하는 토지)
∴ (60만m² − 20만m²)/(120만m² − 20만m²) = 40%

정답 ③

16 · 22 · 24회   합격서 p.127

필살키 100 바닥면적 산정

건축법령상 대지면적이 160m²인 대지에 건축되어 있고, 각 층의 바닥면적이 동일한 지하 1층·지상 3층인 하나의 평지붕 건축물로서 용적률이 150%라고 할 때, 이 건축물의 바닥면적은 얼마인가? (단, 제시된 조건 이외의 다른 조건이나 제한은 고려하지 아니함)

① 60m²
② 70m²
③ 80m²
④ 100m²
⑤ 120m²

해설
(1) 용적률 산정 시 연면적에서 지하층은 제외된다.
(2) 바닥면적의 합계 = 대지면적 × 용적률 = 160m² × 150%
    = 240m²
∴ 각 층의 바닥면적 = 240m² ÷ 3층 = 80m²

정답 ③

필수지문

PART 01 국토의 계획 및 이용에 관한 법률

01 용어의 정의 필살기 001~002

001 '**공간재구조화계획**'이란 토지의 이용 및 건축물이나 그 밖의 시설의 용도·건폐율·용적률·높이 등을 **완화**하는 용도구역의 효율적이고 계획적인 관리를 위하여 수립하는 계획을 말한다.

002 '지구단위계획'이란 도시·군계획 수립대상지역 **일부**에 대하여 체계적 관리를 위해 수립하는 도시·군관리계획을 말한다.

003 '기반시설부담구역'이란 개발밀도관리구역 외의 지역으로서 개발로 인해 기반시설의 설치가 필요한 지역을 대상으로 **특별시장·광역시장·특별자치시장·특별자치도지사·시장 또는 군수**에 의해 지정되는 구역을 말한다.

004 '**복합용도계획**'이란 주거·상업·산업·교육·문화·의료 등 다양한 도시기능이 융복합된 공간의 조성을 목적으로 복합용도구역에서의 건축물의 용도별 구성비율 및 건폐율·용적률·높이 등의 제한에 관한 사항을 따로 정하기 위하여 **공간재구조화계획으로 결정**하는 도시·군관리계획을 말한다.

005 '**용도구역**'이란 토지의 이용 및 건축물의 용도·건폐율·용적률·높이 등에 대한 **용도지역 및 용도지구**의 제한을 강화하거나 완화하여 따로 정함으로써 시가지의 무질서한 확산방지, 계획적이고 단계적인 토지이용의 도모, 혁신적이고 복합적인 토지활용의 촉진, 토지이용의 종합적 조정·관리 등을 위하여 **도시·군관리계획으로** 결정하는 지역을 말한다.

006 '성장관리계획'이란 성장관리계획구역에서의 난개발을 방지하고 계획적인 개발을 유도하기 위하여 수립하는 계획을 말한다.

007 '도시·군계획시설사업'이란 **도시·군계획시설**을 설치·정비 또는 개량하는 사업을 말한다.

008 '도시·군기본계획'은 **특별시·광역시·특별자치시·특별자치도·시 또는 군**의 관할 구역 및 생활권에 대하여 기본적인 공간구조와 장기발전방향을 제시하는 종합계획을 말한다. **구는 해당하지 않는다.**

02 광역도시계획 및 도시·군기본계획 필살기 003~004

009 도지사가 시장 또는 군수의 요청으로 관할 시장 또는 군수와 공동으로 광역도시계획을 수립하는 경우에는 국토교통부장관의 승인을 받지 않고 광역도시계획을 수립할 수 있다.

010 국토교통부장관이 광역계획권을 지정하려면 관계 시·도지사, 시장 또는 군수의 의견을 들은 후 **중앙도시계획위원회**의 심의를 거쳐야 한다.

011 시장 또는 군수는 광역도시계획을 수립하거나 변경하려면 **도지사**의 승인을 받아야 한다.

012 광역계획권이 둘 이상의 시·도의 관할 구역에 걸쳐 있는 경우에는 **국토교통부장관**이 지정하게 된다.

013 특별시장·광역시장이 수립한 도시·군기본계획은 승인받지 않고 **특별시장·광역시장이 스스로 확정한다**.

014 도시·군기본계획의 수립 시 주민의 의견을 들어야 하고 관계 전문가의 **의견도 들어야 한다**.

015 **도시·군기본계획**은 **도시·군관리계획** 수립의 지침이 된다.

016 특별시장·광역시장·특별자치시장·특별자치도지사·시장 또는 군수는 관할 구역에 대해서 도시·군기본계획을 수립하여야 하며, 인접한 시 또는 군의 관할 구역을 포함하여 계획을 수립할 수 **있다**.

03 도시·군관리계획

필살키 005~009

017 **특별시장·광역시장·특별자치시장·특별자치도지사·시장 또는 군수**는 도시혁신구역, 복합용도구역, 도시·군계획시설입체복합구역을 지정하고 해당 용도구역에 대한 계획을 수립하기 위하여 공간재구조화계획을 입안하여야 한다.

018 **국토교통부장관**은 도시의 경쟁력 향상, 특화발전 및 지역균형발전 등을 위하여 필요한 때에는 관할 특별시장·광역시장·특별자치시장·특별자치도지사·시장 또는 군수의 요청에 따라 공간재구조화계획을 입안할 수 있다.

019 공간재구조화계획의 입안범위와 기준, 공간재구조화계획도서 및 계획설명서의 작성기준·작성방법 등은 **국토교통부장관**이 정한다.

020 공간재구조화계획은 **시·도지사**가 직접 또는 시장·군수의 신청에 따라 결정한다. 다만, 국토교통부장관이 입안한 공간재구조화계획은 **국토교통부장관**이 결정한다.

021 공간재구조화계획 결정의 효력은 지형도면을 **고시한 날부터** 발생한다.

022 개발제한구역 안에 기반시설을 설치하는 경우는 도시·군관리계획에서 **토지적성평가를 생략할 수 있는 요건이** 지만, 환경성 검토를 생략할 수 있는 요건은 아니다.

023 해당 지구단위계획구역이 도심지(상업지역)에 위치하는 경우는 도시·군관리계획에서 기초조사·환경성 검토·토지적성평가·재해취약성분석을 **모두 생략할 수 있는 요건**이다.

024 지구단위계획구역 또는 도시·군계획시설부지에서 도시·군관리계획을 입안하는 경우는 도시·군관리계획에서 **토지적성평가를 생략할 수 있는 요건이지만, 환경성 검토를 생략할 수 있는 요건은 아니다.**

025 「도시개발법」에 다른 도시개발사업의 경우는 도시·군관리계획에서 **토지적성평가를 생략할 수 있는 요건이지만, 환경성 검토를 생략할 수 있는 요건은 아니다.**

026 도시·군관리계획의 입안 제안을 받은 자는 제안일로부터 **45일** 이내에 도시·군관리계획입안에의 반영 여부를 제안자에게 통보하여야 한다. 다만, 부득이한 사정이 있는 경우에는 1회에 한하여 30일을 연장할 수 있다.

027 주민은 도시·군계획시설입체복합구역의 지정 및 변경과 도시·군계획시설입체복합구역의 건축제한·건폐율·용적률·높이 등에 관한 사항에 대하여 도시·군관리계획을 입안할 수 있는 자에게 도시·군관리계획의 입안을 제안할 수 **있다.**

028 주민은 제안서에 도시·군관리계획도서뿐만 아니라 계획설명서를 첨부하여 기반시설의 설치에 관한 도시·군관리계획의 입안을 제안할 수 **있다.**

029 입안권자가 용도지역·용도지구 또는 용도구역의 지정에 관한 도시·군관리계획을 입안하려면 해당 지방의회의 의견을 **들어야 한다.**

030 도시·군관리계획의 원칙적인 입안권자는 특별시장·광역시장·특별자치시장·특별자치도지사·시장 또는 군수(**광역시의 군수는 제외**)이다.

031 입안권자는 도시·군관리계획을 입안할 때에는 주민의 의견을 들어야 하며, 그 의견이 타당하다고 인정되면 **도시·군관리계획안에** 반영하여야 한다.

032 도시지역의 축소에 따른 용도지역의 변경을 내용으로 하는 도시·군관리계획을 입안하는 경우에는 주민 및 지방의회의 의견청취 절차를 **생략할 수 있다.**

033 국토교통부장관, 시·도지사, 시장 또는 군수는 도시·군관리계획을 조속히 입안하여야 할 필요가 있다고 인정되면 광역도시계획 또는 도시·군기본계획을 수립할 때에 도시·군관리계획을 함께 **입안할 수 있다.**

034 도시·군관리계획의 결정·고시 당시 이미 사업이나 공사에 착수한 자는 그 도시·군관리계획 결정에 관계없이 그 사업이나 공사를 계속할 수 있다. 다만, **수산자원보호구역이나 시가화조정구역**의 지정에 관한 도시·군관리계획 결정 당시 이미 사업 또는 공사에 착수한 자는 해당 도시·군관리계획 결정의 고시일부터 3월 이내에 그 사업 또는 공사의 내용을 관할 특별시장·광역시장·특별자치시장·특별자치도지사·시장 또는 군수에게 **신고하고 그 사업이나 공사를 계속할 수 있다.**

035 관할 구역 전부에 대하여 광역도시계획이 수립되어 있는 시 또는 군으로서 당해 광역도시계획에 도시·군기본계획의 내용이 모두 포함된 시 또는 군은 **도시·군기본계획을 수립하지 아니할 수 있지만, 도시·군관리계획은 수립한다.**

036 특별시장·광역시장·특별자치시장·특별자치도지사·시장 또는 군수는 **5년**마다 관할 구역의 도시·군관리계획에 대하여 그 타당성 여부를 전반적으로 재검토하여 이를 정비하여야 한다.

04 용도지역·용도지구·용도구역   필살키 010~017

037 용도지역은 중복되게 지정할 수 **없으나** 용도지구는 중복되게 지정할 수 **있다.**

038 저층주택 중심의 편리한 주거환경을 조성하기 위하여 필요한 지역은 **제1종 일반주거지역**으로 지정한다.

039 관리지역 안에서 「**농지법**」에 따른 농업진흥지역으로 지정·고시된 지역은 「국토의 계획 및 이용에 관한 법률」에 따른 **농림지역**으로, 관리지역 안의 산림 중 「**산지관리법**」에 따라 보전산지로 지정·고시된 지역은 그 고시에서 구분하는 바에 따라 「국토의 계획 및 이용에 관한 법률」에 따른 **농림지역 또는 자연환경보전지역**으로 결정·고시된 것으로 본다.

040 관리지역이 세부 용도지역으로 지정되지 아니한 경우 용적률에 대하여는 **보전관리지역**에 관한 규정을 적용한다.

041 아파트는 **제1종 전용주거지역, 제1종 일반주거지역, 유통상업지역,** 전용공업지역, 자연환경보전지역, **일반공업지역**, 녹지지역, **관리지역**, 농림지역에는 건축할 수 **없다.**

042 도시지역·관리지역·농림지역 또는 자연환경보전지역으로 용도가 지정되지 아니한 지역에 대하여는 건폐율 규정을 적용함에 있어서 **자연환경보전지역**에 관한 규정을 적용한다.

043 **녹지지역**은 자연환경·농지 및 산림의 보호, 보건위생, 보안과 도시의 무질서한 확산을 방지하기 위하여 녹지의 보전이 필요한 지역을 말한다.

044 국토교통부장관, 시·도지사 또는 대도시 시장은 대통령령으로 정하는 바에 따라 용도지역을 도시·군관리계획결정으로 다시 세분하여 지정하거나 변경할 수 **있다.**

045 「어촌·어항법」 규정에 따른 어항구역으로서 **도시지역**에 연접한 공유수면으로 지정·고시된 지역은 「국토의 계획 및 이용에 관한 법률」에 따른 도시지역으로 결정·고시된 것으로 **본다.**

046 매립구역이 둘 이상의 용도지역에 걸쳐 있는 경우 그 매립구역이 속할 용도지역은 **도시·군관리계획 결정으로 지정하여야 한다.**

047 「전원개발촉진법」에 따른 전원개발사업구역 및 예정구역(**수력발전소 또는 송·변전설비만을 설치하기 위한 전원개발사업구역 및 예정구역은 제외**)으로 지정·고시된 지역은 도시지역으로 결정·고시된 것으로 본다.

048 **택지개발사업의 완료**로 그 지구 지정이 해제되는 경우에는 과거의 용도지역으로 **환원되지 아니한다**.

049 **집단취락지구**: 개발제한구역 안에서만 지정할 수 있는 용도지구

050 **관광·휴양개발진흥지구**: 관광·휴양기능을 중심으로 개발·정비할 필요가 있는 지구

051 **자연취락지구**: 녹지지역·관리지역·농림지역 또는 자연환경보전지역 안의 취락을 정비하기 위하여 필요한 지구

052 **보호취락지구**: 녹지지역·관리지역·농림지역 또는 자연환경보전지역 안의 취락을 농촌의 주거환경보호와 주거기능 강화를 목적으로 정비하기 위한 지구

053 **시가지경관지구**: 지역 내 주거지, 중심지 등 시가지의 경관을 보호 또는 유지하거나 형성하기 위하여 필요한 지구

054 고도지구 안에서는 도시·군관리계획으로 정하는 높이를 초과하는 건축물을 건축할 수 **없다**.

055 지구단위계획 또는 관계 법률에 따른 개발계획을 수립하지 아니하는 개발진흥지구에서는 해당 용도지역에서 허용되는 건축물을 건축할 수 **있다**.

056 경관지구 안에서는 그 지구의 경관의 보전·관리·형성에 장애가 된다고 인정하여 **도시·군계획조례**가 정하는 건축물을 건축할 수 없다.

057 일반주거지역에 지정된 복합용도지구 안에서는 **동물 및 식물 관련 시설, 제2종 근린생활시설 중 안마시술소, 공장, 관람장, 장례시설, 위험물 저장 및 처리시설**을 건축할 수 **없다**.

058 **시·도지사**는 직접 또는 관계 행정기관의 장의 요청을 받아 도시지역과 그 주변지역의 무질서한 시가화를 방지하고 계획적·단계적인 개발을 도모하기 위하여 대통령령으로 정하는 기간 동안 시가화를 유보할 필요가 있다고 인정되면 **시가화조정구역**의 지정 또는 변경을 **도시·군관리계획**으로 결정할 수 있다.

059 도시·군계획시설입체복합구역의 지정권자는 **도시·군관리계획 결정권자**인 국토교통부장관, 시·도지사, 대도시 시장이다. 도시혁신구역의 지정권자는 **공간재구조화계획 결정권자**인 국토교통부장관, 시·도지사이다.

060 도시·군계획시설 준공 후 **10년**이 경과한 경우로서 해당 시설의 개량 또는 정비가 필요한 경우에는 도시·군계획시설이 결정된 토지의 전부 또는 일부를 **도시·군계획시설입체복합구역**으로 지정할 수 있다.

061 다른 법률에서 공간재구조화계획의 결정을 의제하고 있는 경우에도 「국토의 계획 및 이용에 관한 법률」에 따르지 아니하고 도시혁신구역의 지정과 도시혁신계획을 결정할 수 **없다**.

062 하나의 대지가 녹지지역과 그 밖의 용도지역·용도지구 또는 용도구역에 걸쳐 있는 경우에는 **각각의** 용도지역·용도지구 또는 용도구역의 건축물 및 토지에 관한 규정을 적용한다. 단, **규모가 가장 작은 부분이 녹지지역으로서 해당 녹지지역이 330㎡ 이하인 경우는 제외한다**.

063 시·도지사 또는 대도시 시장은 도시의 자연환경 및 경관을 보호하고 도시민에게 건전한 여가·휴식공간을 제공하기 위하여 도시지역 안에서 식생(植生)이 양호한 산지(山地)의 개발을 제한할 필요가 있다고 인정하면 **도시자연공원구역**의 지정 또는 변경을 도시·군관리계획으로 결정할 수 있다.

064 방재지구의 지정을 도시·군관리계획으로 결정하는 경우 도시·군관리계획의 내용에는 해당 방재지구의 재해저감대책을 **포함하여야 한다**.

065 **해양수산부장관**은 수산자원보호구역의 변경을 **도시·군관리계획**으로 결정할 수 있다.

05 도시·군계획시설 및 도시·군계획시설사업   필살키 018~020

066 도시·군계획시설결정이 고시된 도시·군계획시설에 대하여 그 고시일부터 20년이 지날 때까지 사업이 시행되지 아니하는 경우 그 고시일부터 20년이 되는 날의 **다음 날**에 그 효력을 상실한다.

067 장기미집행 도시·군계획시설 결정의 해제를 권고받은 시장 또는 군수는 도지사가 결정한 도시·군계획시설의 해제가 필요한 경우에는 **도지사에게 그 결정을 신청하여야 한다**.

068 「도시개발법」에 따른 도시개발구역이 200만㎡를 초과하는 경우 해당 구역에서 개발사업을 시행하는 자는 공동구를 설치하여야 한다.

069 **가스관 및 하수도관**은 공동구협의회의 심의를 거쳐 수용할 수 있다.

070 장기미집행부지 매수의무자는 매수청구가 있은 날부터 **6개월** 이내에 매수 여부를 결정·통지하여야 한다. 매수의무자가 매수하기로 결정한 토지는 매수결정을 통지한 날부터 **2년 이내**에 매수하여야 한다.

071 장기미집행부지 매수의무자가 지방자치단체인 경우 토지소유자가 원하는 경우와 부재부동산 소유자의 토지 또는 비업무용 토지로서 매수대금이 3천만원을 초과하여 그 초과하는 금액을 지급하는 경우에는 **채권을 발행하여 지급할 수 있다**.

072 도시·군계획시설채권의 상환기간은 **10년 이내**로 한다.

073 장기미집행 도시·군계획시설 부지에 대한 매수청구대상은 지목이 대인 토지에 한하지 않고 그 토지에 있는 **건축물도 포함된다.**

074 시행자는 도시·군계획시설사업을 효율적으로 추진하기 위하여 필요하다고 인정되면 사업시행대상지역을 둘 이상으로 분할하여 시행할 수 **있다.**

075 한국토지주택공사가 도시·군계획시설사업의 시행자로 지정받을 경우 토지소유자의 동의를 **받을 필요가 없다.**

076 도시·군계획시설사업이 둘 이상의 지방자치단체의 관할 구역에 걸쳐 시행되는 경우로서 사업시행자에 대한 협의가 성립되지 아니하는 경우 **같은 도의 관할 구역에 속하는 경우에는 관할 도지사가 시행자를 지정하고, 둘 이상의 시·도의 관할 구역에 걸치는 경우에는 국토교통부장관이 시행자를 지정한다.**

077 둘 이상의 시 또는 군의 관할 구역에 걸쳐 시행되는 도시·군계획시설사업이 광역도시계획과 관련된 경우, **도지사**는 관계 시장 또는 군수의 의견을 들어 직접 시행할 수 있다.

06 지구단위계획·지구단위계획구역

078 지구단위계획은 **도시·군관리계획**으로 결정된다.

079 도시지역 외의 지역도 지구단위계획구역으로 지정될 수 **있다.**

080 지구단위계획의 수립기준은 **국토교통부장관**이 정한다.

081 도시지역 외의 지역으로서 용도지구를 폐지하고 그 용도지구에서의 행위 제한 등을 지구단위계획으로 대체하려는 지역은 지구단위계획구역으로 지정될 수 **있다.**

082 도시지역 내 지구단위계획구역의 지정이 한옥마을의 보존을 목적으로 하는 경우 지구단위계획으로 「주차장법」 제19조 제3항에 의한 주차장 설치기준을 **100%까지** 완화하여 적용할 수 있다.

083 계획관리지역 외의 지역에 지정된 개발진흥지구 내의 지구단위계획구역에서는 건축물의 용도·종류 및 규모 등을 완화하여 적용할 경우 **아파트 및 연립주택은 허용되지 아니한다.**

084 도시지역 내에 지정하는 지구단위계획구역에 대해서는 당해 지역에 적용되는 건폐율의 **150%를 초과할 수 없다.**

085 　도시지역 내에 지구단위계획구역에서는 건축물의 높이제한, 용도지역 안에서의 건폐율, 용도지역 안에서의 용적률, 부설주차장의 설치기준을 완화하여 적용할 수 **있다**.

07 개발행위허가 및 제한   필살키 023~026

086 　허가관청이 조건을 붙여 개발행위를 허가하는 것은 **허용된다**.

087 　개발행위허가를 받은 자가 행정청이 아닌 경우, 개발행위허가를 받은 자가 새로 설치한 공공시설은 그 시설을 관리할 관리청에 무상으로 귀속되고, 개발행위로 용도가 폐지되는 공공시설은 **새로 설치한 공공시설의 설치비용에 상당하는 범위에서 개발행위허가를 받은 자에게 무상으로 양도할 수 있다**.

088 　전·답 사이의 지목변경을 수반하는 경작을 위한 토지의 형질변경은 개발행위허가의 **대상이 아니다**.

089 　건축물의 건축에 대해 개발행위허가를 받은 후 건축물 연면적을 5% 범위 안에서 **확대하려면 변경허가를 받아야 하고**, 축소하는 경우에는 지체 없이 그 사실을 특별시장·광역시장·특별자치시장·특별자치도지사·시장 또는 군수에게 통지하여야 한다.

090 　개발행위로 인하여 주변의 환경·경관·미관 및 「국가유산법」에 따른 국가유산 등이 크게 오염되거나 손상될 우려가 있는 지역은 최장 **3년간** 개발행위허가를 제한할 수 있는 지역으로 개발행위제한기간의 연장은 허용되지 않는다.

091 　녹지지역으로 수목이 집단적으로 생육하고 있어 보전할 필요가 있는 지역은 개발행위제한기간의 연장이 **불가능하다**.

092 　녹지지역이나 계획관리지역으로서 수목이 집단적으로 자라고 있거나 조수류 등이 집단적으로 서식하고 있는 지역 또는 우량농지 등으로 보전할 필요가 있는 지역은 최장 **3년간** 개발행위허가를 제한할 수 있는 지역으로 제한기간의 연장은 허용되지 않는다.

093 　개발행위를 제한하고자 하는 자가 국토교통부장관인 경우에는 중앙도시계획위원회 **심의 전에 미리** 관할 시장·군수의 의견을 들어야 한다.

094 　개발밀도관리구역 안에서는 해당 용도지역에 적용되는 용적률의 최대한도 **50%** 범위 안에서 용적률을 강화하여 적용한다.

095 　주거지역에서의 개발행위로 기반시설의 용량이 부족할 것으로 예상되는 지역 중 기반시설의 설치가 곤란한 지역으로서 향후 **2년 이내**에 당해 지역의 학생 수가 학교수용능력을 **20% 이상 초과**할 것으로 예상되는 지역은 개발밀도관리구역으로 지정될 수 있다.

096 군수가 개발밀도관리구역을 지정하는 경우 도지사의 **승인을 받을 필요가 없다.**

097 개발밀도관리구역의 명칭 변경에 대하여는 지방도시계획위원회의 심의를 **요한다.**

098 기반시설설치비용은 현금, 신용카드 또는 직불카드로 납부하도록 하되, 부과대상 토지 및 이와 비슷한 토지로 하는 납부를 인정할 수 **있다.**

099 주거·상업·공업지역에서의 개발행위로 인하여 기반시설의 수용능력이 부족할 것으로 예상되는 지역 중 기반시설의 설치가 곤란한 지역은 **개발밀도관리구역으로 지정할 수 있다.**

100 기반시설부담구역의 지정고시일부터 **1년**이 되는 날까지 기반시설설치계획을 수립하지 아니하면 그 **1년**이 되는 날의 다음 날에 기반시설부담구역의 지정은 해제된 것으로 본다.

101 **건축물별 기반시설유발계수**가 큰 것에서 작은 것 순으로 정리하면, 위락시설(2.1) > 관광휴게시설(1.9) > 제2종 근린생활시설(1.6) > 자원순환관련시설 = 종교시설 = 문화 및 집회시설 = 운수시설(1.4) > 제1종 근린생활시설 = 판매시설(1.3) > 숙박시설(1.0) > 의료시설(0.9) > 방송통신시설(0.8) > 나머지(0.7) 순이다.

PART 02 도시개발법

01 도시개발계획 수립 및 도시개발구역 지정   필살키 027~029

001 도시개발구역을 지정하는 자('지정권자'라 한다)는 도시개발사업의 효율적인 추진과 도시의 경관 보호 등을 위하여 필요하다고 인정하는 경우에는 도시개발구역을 둘 이상의 사업시행지구로 분할하거나 서로 떨어진 둘 이상의 지역을 결합하여 하나의 도시개발구역으로 **지정할 수 있다.**

002 특별시장·광역시장 또는 도지사, 특별자치도지사('시·도지사'라 한다), 서울특별시와 광역시를 제외한 **인구 50만 이상의 대도시의 시장은** 계획적인 도시개발이 필요하다고 인정되는 때에는 도시개발구역을 **지정할 수 있다.**

003 도시개발구역을 둘 이상의 사업시행지구로 분할할 수 있는 경우는 지정권자가 도시개발사업의 효율적인 추진을 위하여 필요하다고 인정하는 경우로서 분할 후 각 사업시행지구의 면적이 **각각 1만㎡** 이상인 경우로 한다.

004 국가 및 지방자치단체와 **도시개발조합을 제외**한 나머지 사업시행자는 국토교통부령으로 정하는 서류를 특별자치도지사, 시장·군수·구청장에게 제출하여 특별자치도지사, 시장·군수 또는 구청장에게 도시개발구역의 지정을 제안할 수 있다.

005 **3만㎡ 이상**의 공업지역은 도시개발구역으로 지정 가능하다.

006 천재지변으로 인해 도시개발사업을 긴급하게 할 필요가 있는 경우에는 **국토교통부장관**이 도시개발구역을 지정할 수 있다.

007 **시·도지사 또는 대도시 시장**이 계획적인 도시개발이 필요하다고 인정하는 **1만㎡ 이상의 자연녹지지역**을 도시개발구역으로 지정할 수 있다.

008 한국토지주택공사 사장이 **30만㎡ 이상** 규모로 국가계획과 밀접한 관련이 있는 도시개발구역의 지정을 제안하는 경우에는 국토교통부장관이 도시개발구역을 지정할 수 있다.

009 **자연환경보전지역을 제외**한 용도지역에 국토교통부장관이 지역균형발전을 위하여 관계 중앙행정기관의 장과 협의하여 도시개발구역으로 지정할 때에는 도시개발구역을 지정한 후에 개발계획을 수립할 수 있다.

010 보전관리지역에 도시개발구역을 지정할 때에는 도시개발구역을 지정한 후에 개발계획을 수립할 수 **있다.**

011 생산녹지지역(도시개발구역 지정면적의 100분의 30 이하인 경우)에 도시개발구역을 지정할 때에는 도시개발구역을 지정한 후에 개발계획을 수립할 수 **있다.**

012 세입자의 주거 및 생활안정대책에 관한 사항은 도시개발구역을 지정한 후에 개발계획의 내용으로 포함시킬 수 있다.

02 도시개발사업의 시행자 및 도시개발조합 — 필살키 030~032

013 도시개발사업에 관한 실시계획의 인가를 받은 후 2년 이내에 사업을 착수하지 아니하는 경우 또는 환지방식으로 사업을 시행하는 사업시행자가 도시개발구역 지정의 고시일부터 1년 이내에 실시계획의 인가를 신청하지 아니하는 경우에는 도시개발구역 지정권자가 시행자를 변경할 수 있다.

014 도시개발사업의 시행자 중「주택법」에 따른 주택건설사업자 등으로 하여금 도시개발사업을 대행하게 할 수 있는 자는 공공사업시행자(국가나 지방자치단체, 공공기관, 정부출연기관, 지방공사)이다.

015 사업시행자는 도시개발사업의 일부인 도로, 공원 등 공공시설의 건설을 지방공사에 위탁하여 시행할 수 있다.

016 토지소유자가 도시개발구역의 지정을 제안하려는 경우에는 대상 구역 토지면적의 3분의 2 이상에 해당하는 토지소유자의 동의를 받아야 한다.

017 한국토지주택공사, 한국수자원공사, 한국농어촌공사, 한국관광공사, 한국철도공사 등의 공공기관도 도시개발사업의 시행자가 될 수 있다. 다만,「국가철도공단법」에 따른 국가철도공단은「역세권의 개발 및 이용에 관한 법률」에 따른 역세권개발사업을 시행하는 경우에만 사업시행자가 될 수 있다.

018 조합설립인가를 받은 후 정관기재사항인 주된 사무소의 소재지를 변경하려는 경우, 공고방법을 변경하려는 경우는 경미한 사항에 해당되므로 지정권자에게 신고하여야 한다.

019 조합을 설립하려면 도시개발구역의 토지소유자 7명 이상이 정관을 작성하여 지정권자에게 조합설립의 인가를 받아야 한다.

020 의결권을 가진 조합원의 수가 50인 이상 조합은 총회의 권한을 대행하게 하기 위하여 대의원회를 둘 수 있다.

021 조합의 이사는 그 조합의 조합장을 겸할 수 없으며, 자기를 위한 조합과의 계약에 관하여는 감사가 조합을 대표한다.

03 도시개발사업의 실시계획 및 시행방식 — 필살키 033~034

022 인가를 받은 실시계획을 변경하거나 폐지하는 경우에도 인가를 받아야 하지만, 인가를 받은 실시계획 중 사업시행면적의 100분의 10의 범위에서 감소하는 변경인 경우 지정권자의 변경인가를 받을 필요가 없다.

023 도시개발사업을 환지방식으로 시행하는 구역에 대하여 지정권자가 실시계획을 작성한 경우에는 사업의 명칭·목적, 도시개발구역의 위치 및 면적, 시행자, 시행기간, 시행방식 등에 관한 사항과 토지조서를 관할 등기소에 통보·제출하여야 하지만, **도시·군관리계획의 결정내용은 등기소에 통보·제출할 내용에 해당하지 않는다.**

024 도시개발사업에 관한 실시계획은 개발계획에 맞게 작성되어야 **하고**, 지구단위계획이 **포함되어야 한다.**

025 지정권자가 실시계획을 작성하거나 인가하는 경우 국토교통부장관이 지정권자이면 시·도지사 또는 대도시 시장의 의견을, 시·도지사가 지정권자이면 **시장(대도시 시장 제외)·군수 또는 구청장**의 의견을 미리 들어야 한다.

026 계획적이고 체계적인 도시개발 등 집단적인 택지의 조성과 공급이 필요한 경우에는 **수용 또는 사용방식**으로 시행하게 된다.

027 수용 또는 사용의 방식에서 「지방공기업법」에 의하여 설립된 지방공사인 시행자는 토지소유자의 **동의 없이** 도시개발사업에 필요한 토지 등을 수용 또는 사용할 수 있다.

028 수용 또는 사용의 방식에서 시행자는 조성토지등과 도시개발사업으로 조성되지 아니한 상태의 토지(원형지)를 공급받거나 이용하려는 자로부터 대통령령으로 정하는 바에 따라 해당 대금의 전부 또는 일부를 미리 받을 수 있다. 다만, **지정권자가 아닌 시행자**는 해당 대금의 전부 또는 일부를 미리 받으려면 **지정권자의 승인을 받아야 한다.**

029 **환지방식**은 대지로서의 효용증진과 공공시설의 정비를 위하여 지목 또는 형질의 변경이나 공공시설의 설치·변경이 필요한 경우에 시행하는 방식이다.

04 수용 또는 사용방식

030 토지상환채권의 이율은 발행 당시의 금융기관의 예금금리 및 부동산수급상황을 고려해서 **발행자**가 정한다.

031 토지상환채권이란 토지소유자가 원하는 경우 토지 등의 매수대금의 **일부**를 지급하기 위하여 도시개발사업시행으로 조성된 토지·건축물로 상환하는 채권을 말한다.

032 사업시행자는 토지상환채권을 발행할 수 있으며, 지방자치단체가 시행자인 경우 지급보증 없이 토지상환채권을 발행할 수 **있다.**

033 토지상환채권의 발행규모는 그 토지상환채권으로 상환할 토지 및 건축물이 해당 도시개발사업으로 조성되는 분양토지 또는 분양건축물 면적의 **2분의 1**을 넘지 않아야 한다.

034 원형지를 공장부지로 직접 사용하는 자를 원형지개발자로 선정하는 경우 **경쟁입찰**의 방식으로 하며, **경쟁입찰이 2회 이상 유찰된 경우에는 수의계약의 방법으로 할 수 있다.**

035 지방자치단체가 원형지개발자인 경우 원형지 공사완료 공고일부터 5년이 경과하기 전에도 원형지를 **매각할 수 있다.**

036 원형지 공급가격은 개발계획이 반영된 **원형지의 감정가격에 시행자가 원형지에 설치한 기반시설 등의 공사비를 더한 금액을 기준으로 시행자와 원형지개발자가 협의하여 결정한다.**

037 원형지의 면적은 도시개발구역 전체 토지면적의 **3분의 1** 이내의 면적으로만 공급될 수 있다.

038 일반에게 분양할 수 없는 공공용지를 지방자치단체에게 공급하는 경우에는 **수의계약의 방법**에 의할 수 있다.

039 학교용지, 공공청사용지 등 일반에게 분양할 수 없는 공공용지를 국가, 지방자치단체, 그 밖의 법령에 따라 해당 시설을 설치할 수 있는 자에게 공급하는 경우와 토지상환채권에 의하여 토지로 상환하는 경우에는 **수의계약으로 공급할 수 있다.**

040 지정권자가 아닌 시행자가 조성토지등을 공급하려고 할 때에는 조성토지등의 공급계획을 작성하거나 변경하여 **지정권자의 승인을 받아야 한다.**

041 단독주택용지로서 330m² 이하인 조성토지는 **추첨의 방법**으로 분양할 수 있다.

05 환지방식

필살카 038~040

042 도시개발사업 시행자가 환지방식으로 사업을 시행하려는 경우 환지**설계**, 필지별로 된 환지**명세**, 필지별과 권리별로 된 청산 대상 토지**명세**, 체비지 또는 보류지를 정한 경우 그 **명세**는 환지계획에 포함되어야 할 사항이다.

043 도시개발사업의 시행자는 환지방식이 적용되는 도시개발구역에 있는 조성토지등의 가격을 평가할 때에는 **감정평가법인 등의 평가를 거친 후 토지평가협의회의 심의**를 거쳐 결정한다.

044 환지계획에서 정하여진 환지는 그 환지처분의 공고가 있는 날의 **다음 날**부터 종전의 토지로 본다.

045 토지소유자의 신청 또는 동의가 있는 때에는 당해 토지의 전부 또는 일부에 대하여 환지를 정하지 아니할 수 있다. 다만, 해당 토지에 관하여 임차권자 등이 있는 때에는 그 **동의를 받아야 한다.**

046 토지부담률 산정 시 환지계획구역의 평균 토지부담률은 **50%를 초과**할 수 없다. 다만, 해당 환지계획구역의 특성을 고려하여 지정권자가 인정하는 경우에는 **60%까지**로 할 수 있으며, 환지계획구역의 토지소유자 총수의 **3분의 2** 이상이 동의(시행자가 조합인 경우에는 총회에서 의결권 총수의 3분의 2 이상이 동의한 경우를 말한다)하는 경우에는 **60%를 초과**하여 정할 수 있다.

047 행정청인 시행자가 환지계획을 정하려고 하는 경우에 해당 토지의 임차권자는 공람기간에 시행자에게 의견서를 제출할 수 **있다**.

048 환지예정지의 지정이 있으면 종전의 토지에 대한 임차권등은 종전의 토지에 대해서는 소멸되지만, **환지예정지에 대하여는 소멸하지 않는다**.

049 종전 토지의 임차권자는 환지예정지 지정 이후에는 환지처분이 공고되는 날까지 종전의 토지를 사용하거나 수익할 수 **없다**.

050 지정권자가 시행자인 경우 **그 시행자는 준공검사를 받지 아니하고 도시개발사업의 공사를 완료한 때에 공사완료공고를 하여야 하며**, 공사완료공고가 있는 때에는 60일 이내에 환지처분을 하여야 한다.

051 환지계획에 따라 입체환지처분을 받은 자는 환지처분이 **공고된 날의 다음 날**에 환지계획으로 정하는 바에 따라 건축물의 일부와 해당 건축물이 있는 토지의 공유지분을 취득한다.

052 체비지로 정해지지 않은 보류지는 환지계획에서 정한 자가 환지처분이 **공고된 날의 다음 날**에 해당 소유권을 취득한다.

053 도시개발구역의 토지에 대한 지역권은 환지처분에도 불구하고 종전의 토지에 존속한다. 다만, 도시개발사업의 시행으로 행사할 이익이 없어진 지역권은 환지처분이 **공고된 날이 끝나는 때**에 소멸한다.

06 도시개발채권 및 비용부담

054 도시개발채권의 소멸시효는 상환일부터 기산하여 원금은 **5년**, 이자는 **2년**으로 한다.

055 도시개발채권의 상환은 5년부터 10년까지의 범위에서 **지방자치단체의 조례로 정한다**.

056 도시개발채권을 발행하는 경우 발행총액에 대하여 **행정안전부장관**의 승인을 받아야 한다.

057 **지방자치단체의 장**(시·도지사)은 도시개발사업이나 도시·군계획시설사업에 필요한 자금을 조달하기 위하여 도시개발채권을 발행할 수 있다.

PART 03 도시 및 주거환경정비법

01 용어의 정의 　　필살키 042

001　노후·불량건축물이란 주변 토지의 이용 상황 등에 비추어 주거환경이 불량한 곳에 위치하고, 건축물을 철거하고 새로운 건축물을 건설하는 경우 건설에 드는 비용과 비교하여 효용의 현저한 증가가 예상되는 건축물을 말한다.

002　주거환경개선사업은 도시저소득 주민이 집단거주하는 지역으로서 정비기반시설이 극히 열악하고 노후·불량건축물이 과도하게 밀집한 지역의 주거환경을 개선하거나 단독주택 및 다세대주택이 밀집한 지역에서 정비기반시설과 공동이용시설 확충을 통하여 주거환경을 보전·정비·개량하기 위한 사업이다.

003　정비기반시설에는 광장, 하천, 공공공지, 공용주차장, 공원이 해당하지만, 놀이터, 탁아소, 마을회관, 공동으로 사용하는 구판장, 공동작업장은 공동이용시설에 속한다.

004　재건축사업은 정비기반시설은 양호하나 노후·불량건축물에 해당하는 공동주택이 밀집한 지역에서 주거환경을 개선하기 위한 사업으로 조합이 시행하거나 조합이 조합원의 과반수의 동의를 받아 시장·군수등, 토지주택공사등, 건설업자 또는 등록사업자와 공동으로 시행하는 사업이다.

02 도시·주거환경정비기본계획 및 정비계획 　　필살키 043~044

005　특별시장·광역시장·특별자치시장·특별자치도지사 또는 시장(기본계획 수립권자)은 기본계획에 대하여 5년마다 타당성 여부를 검토하여 그 결과를 기본계획에 반영하여야 한다.

006　기본계획의 수립권자는 기본계획을 수립한 때에는 지체 없이 이를 해당 지방자치단체의 공보에 고시하고 일반인이 열람할 수 있도록 하여야 한다.

007　대도시의 시장이 아닌 시장은 기본계획의 내용 중 정비사업의 계획기간을 단축하는 경우, 단계별 정비사업추진계획을 변경하는 때에는 도지사의 승인을 받지 아니할 수 있다.

008　도지사가 대도시가 아닌 시로서 기본계획을 수립할 필요가 없다고 인정하는 시에 대하여는 기본계획을 수립하지 아니할 수 있다.

009　재건축사업을 위한 재건축진단은 주택단지의 건축물을 대상으로 한다.

010 재건축진단 실시를 요청하는 때에는 정비계획의 입안을 제안하려는 자가 입안을 제안하기 전에 해당 정비예정구역에 위치한 건축물 및 그 부속토지의 소유자(토지등소유자) **10분의 1 이상**의 동의를 받아야 한다.

011 주택의 구조안전상 사용금지가 필요하다고 **시장·군수등**이 인정하는 건축물은 재건축진단에서 제외할 수 있다.

012 재건축사업의 재건축진단에 드는 비용은 **시장·군수등**이 부담하여야 하고, 재건축진단에 드는 비용을 해당 재건축진단의 실시를 요청하는 자에게 부담하게 할 수 **있다**.

03 정비사업의 시행방식 및 사업시행자 필살카 045~046

013 인가받은 관리처분계획에 따라 주택 및 부대·복리시설을 건설하여 공급하는 방법과 환지로 공급하는 방법을 혼용하는 방법에 의한 시행방식은 **주거환경개선사업**이다.

014 사업시행자가 정비구역의 전부 또는 일부를 수용하여 주택을 건설한 후 토지등소유자에게 우선 공급하거나 대지를 토지등소유자 또는 토지등소유자 외의 자에게 공급하는 방법에 의한 시행방식은 **주거환경개선사업**이다.

015 사업시행자가 정비구역에서 인가받은 관리처분계획에 따라 건축물을 건설하여 공급하는 방법에 의한 시행방식은 **재건축사업**이다.

016 정비구역에서 인가받은 관리처분계획에 따라 건축물을 건설하여 공급하거나 환지로 공급하는 방법에 의한 시행방식은 **재개발사업**이다.

017 재개발사업조합은 조합설립인가를 받은 후 조합총회에서 **경쟁입찰** 또는 **수의계약**(2회 이상 경쟁입찰이 유찰된 경우로 한정)의 방법으로 건설업자 또는 등록사업자를 시공자로 선정하여야 한다. 또한 재건축사업조합도 동일하다.

018 정비사업의 사업대행자는 사업시행자에게 청구할 수 있는 보수에 대한 권리로써 사업시행자에게 귀속될 건축물을 압류할 수 **있다**.

019 재건축사업은 조합이 시행하거나 조합이 **조합원의 과반수**의 동의를 받아 시장·군수등, 토지주택공사등, 건설업자 또는 등록사업자와 공동으로 시행할 수 있다.

020 시장·군수등이 아닌 사업대행자는 사업시행자에게 재산상의 부담을 가하는 행위를 하고자 하는 때에는 미리 시장·군수등의 **승인을 받아야 한다**.

04 조합설립추진위원회 · 조합

필살키 047~048

021 재건축사업의 추진위원회가 조합을 설립하고자 하는 때에는 법령상 요구되는 토지등소유자의 동의를 받아 시장·군수등에게 **설립인가를 받아야 한다**.

022 조합설립추진위원회의 조합설립을 위한 토지등소유자의 동의는 **서면동의서에 토지등소유자가 성명을 적고 지장을 날인하는 방법으로 하며**, 주민등록증, 여권 등 신원을 확인할 수 있는 신분증명서의 사본을 첨부하여야 한다.

023 추진위원회는 토지등소유자 과반수의 동의를 받아 위원장을 포함한 **5명** 이상의 위원으로 구성한다.

024 동의의 철회나 반대의 의사표시는 철회서가 동의의 상대방에게 도달한 때 또는 시장·군수등이 동의의 상대방에게 철회서가 접수된 사실을 통지한 때 중 **빠른 때에 효력이 발생한다**.

025 조합이 정관을 변경하려는 경우에는 총회를 개최하여 조합원 과반수의 찬성으로 시장·군수등의 인가를 받아야 한다. 다만, **조합원의 자격에 관한 사항, 정비구역의 위치 및 면적, 조합의 비용부담 및 조합의 회계, 시공자·설계자의 선정 및 계약서에 포함될 내용**에 대하여 정관을 변경하고자 하는 경우 총회에서 **조합원 3분의 2 이상**의 찬성으로 한다.

026 재개발사업은 토지등소유자가 20인 미만인 경우에는 토지등소유자가 시행하거나 토지등소유자가 토지등소유자의 과반수의 동의를 받아 시장·군수등, 토지주택공사등, 건설업자, 등록사업자 또는 「자본시장과 금융투자업에 관한 법률」에 따른 신탁업자와 「한국부동산원법」에 따른 한국부동산원 등과 공동으로 시행하는 방법으로 할 수 있다. 따라서 재개발사업은 **조합을 설립하지 아니할 수 있다**.

027 정비사업비가 100분의 10(생산자물가상승률분, 분양신청을 하지 아니한 자 등에 대한 조치에 따른 손실보상금액은 제외) 이상 늘어나는 경우에는 조합원 **3분의 2 이상**의 찬성으로 의결하여야 한다.

05 정비사업의 시행

필살키 049~050

028 정비사업의 시행으로 그 설정목적을 달성할 수 없게 된 지상권·임차권·전세권자는 계약을 해지하고 사업시행자에게 전세금·보증금 그 밖에 계약상 금전의 반환청구권을 행사할 수 **있다**.

029 사업시행자는 **주거환경개선사업 및 재개발사업**의 시행으로 철거되는 주택의 소유자 또는 세입자에게 해당 정비구역 안과 밖에 위치한 임대주택 등의 시설에 임시로 거주하게 하거나 주택자금의 융자를 알선하는 등 임시거주에 상응하는 조치를 하여야 한다.

030 사업시행자가 재개발사업의 시행으로 철거되는 주택의 소유자 또는 세입자를 위하여 국가의 시설을 임시수용시설로 사용한 경우 그 **사용료 또는 대부료는 면제된다.**

031 조합이 재개발사업의 시행으로 건설된 임대주택의 인수를 요청하는 경우 **시·도지사 또는 시장, 군수, 구청장이 우선하여 인수하여야 하며,** 시·도지사 또는 시장, 군수, 구청장이 예산·관리인력의 부족 등 부득이한 사정으로 인수하기 어려운 경우에는 국토교통부장관에게 토지주택공사등을 인수자로 지정할 것을 요청할 수 있다.

032 사업시행자가 사업시행인가를 받은 후 대지면적을 **10%**의 범위 안에서 변경하는 경우 시장·군수등에게 신고하여야 한다.

033 **주거환경개선사업 및 재개발사업**의 사업시행자가 임시수용을 위하여 지방자치단체의 건축물을 일시 사용하고자 신청한 경우, 그 지방자치단체가 제3자와 이미 매매계약을 **체결한 경우에는 이를 거절할 수 있다.**

034 시장·군수등은 사업시행계획인가를 하려는 경우에는 관계 서류의 사본을 **14일 이상** 일반인이 공람할 수 있게 하여야 한다.

035 사업시행자는 정비사업의 공사를 완료한 때에는 완료한 날부터 **30일** 이내에 임시거주시설을 철거하고, 사용한 건축물이나 토지를 원상회복하여야 한다.

06 관리처분계획 및 관리처분

036 시장·군수등은 사업시행자의 관리처분계획인가의 신청이 있는 날부터 **30일 이내**에 인가 여부를 결정하여 사업시행자에게 통보하여야 한다.

037 분양신청기간은 통지한 날부터 **30일 이상 60일 이내**로 하여야 한다. 다만, 사업시행자는 관리처분계획의 수립에 지장이 없다고 판단하는 경우에는 분양신청기간을 **20일**의 범위에서 한 차례만 연장할 수 있다.

038 분양대상자별 종전의 토지 또는 건축물의 명세 및 사업시행계획인가의 고시가 있은 날을 기준으로 한 가격·분양대상자별 분담금의 추산액 및 분양신청서는 사업시행자가 사업시행계획인가의 고시가 있은 날부터 **90일 이내**에 토지등소유자에게 **분양통지할 경우에만** 포함되는 내용이며, 토지등소유자 외의 권리자의 권리신고방법은 **분양공고에만** 포함되는 내용이다.

039 재건축사업의 사업시행자는 관리처분계획을 수립하여 시장·군수등의 인가를 받아야 하며, 당해 관리처분계획을 중지하는 경우에도 **시장·군수등의 인가를 받아야 한다.**

040 관리처분계획의 고시가 있은 때에는 종전 토지의 임차권자는 사업시행자의 동의를 받은 경우에는 종전의 토지를 사용할 수 **있다.**

041 재개발사업의 관리처분은 정비구역 안의 토지등소유자에게 분양하지만, **지상권자는 제외한다**.

042 사업시행자는 폐공가의 밀집으로 범죄발생의 우려가 있는 경우 기존 건축물의 소유자의 동의 및 시장·군수등의 허가를 **받아** 해당 건축물을 철거할 수 있다.

043 분양설계에 관한 계획은 분양신청기간이 **만료되는 날**을 기준으로 하여 수립한다.

07 주택의 공급 — 필살키 053~054

044 사업시행인가의 고시가 있은 날을 기준으로 한 가격의 범위 또는 종전주택의 주거전용면적의 범위에서 **2주택**을 공급할 수 있고, 이 중 1주택은 주거전용면적을 **60m²** 이하로 한다. 다만, 60m² 이하로 공급받은 1주택은 소유권 이전고시일 다음 날부터 3년이 지나기 전에는 주택을 전매하거나 전매를 알선할 수 없다.

045 근로자(공무원인 근로자를 포함) 숙소, 기숙사 용도로 주택을 소유하고 있는 토지등소유자에게는 **소유한 주택 수만큼** 주택을 공급할 수 있다.

046 국토교통부장관, 시·도지사, 시장, 군수, 구청장 또는 토지주택공사등은 **정비구역에 세입자와 대통령령으로 정하는 면적 이하의 토지 또는 주택을 소유한 자의 요청이 있는 경우**에는 인수한 임대주택의 일부를 「주택법」에 따른 토지임대부 분양주택으로 전환하여 공급하여야 한다.

047 1세대 또는 1명이 하나 이상의 주택 또는 토지를 소유한 경우 1주택을 공급하고, 같은 세대에 속하지 아니하는 2명 이상이 1주택 또는 1토지를 공유한 경우에도 **1주택만 공급한다**.

048 지분형주택의 규모는 주거전용면적 **60m² 이하**인 주택으로 한정한다.

049 지분형주택의 공동 소유기간은 소유권을 취득한 날부터 **10년의 범위**에서 사업시행자가 정하는 기간으로 한다.

050 세대주로서 정비계획의 공람 공고일 당시 해당 정비구역에 **2년 이상** 실제 거주한 사람으로서 정비사업의 시행으로 철거되는 주택 외 다른 주택을 소유하지 아니한 사람이어야 지분형주택의 분양대상자에 해당된다.

051 지분형주택의 공급방법·절차, 지분 취득비율, 지분 사용료 및 지분 취득가격 등에 관하여 필요한 사항은 **사업시행자**가 따로 정한다.

08 공사완료 및 청산금   필살키 055~056

052 관리처분계획을 수립하는 경우 정비구역의 지정은 이전고시가 **있은 날의 다음 날**에 해제된 것으로 본다.

053 시장·군수등은 준공인가 전 사용허가를 하는 때에는 동별·세대별 또는 구획별로 사용허가를 할 수 **있다**.

054 관리처분계획에 따라 소유권을 이전하는 경우 건축물을 분양받을 자는 이전고시가 **있은 날의 다음 날**에 그 건축물의 소유권을 취득한다.

055 정비사업에 의하여 건축물을 분양받을 자에게 소유권을 이전한 경우 종전의 건축물에 설정된 저당권 등 등기된 권리는 소유권을 이전받은 건축물에 **설정된 것으로 본다**.

056 정비사업의 시행지역 안에 있는 건축물에 저당권을 설정한 권리자는 그 건축물의 소유자가 지급받을 청산금에 대하여 청산금을 지급하기 전에 압류절차를 거쳐 저당권을 행사할 수 **있다**.

057 청산금을 납부할 자가 이를 납부하지 아니하는 경우에는 시장·군수등인 사업시행자는 지방세체납처분의 예에 의하여 이를 징수(분할징수를 포함한다)할 수 있으며, 시장·군수등이 아닌 사업시행자는 시장·군수등에게 청산금의 징수를 위탁할 수 있다. 이 경우 사업시행자는 징수한 금액의 **100분의 4**에 해당하는 금액을 당해 시장·군수등에게 지급하여야 한다.

058 조합 총회의 의결을 거쳐 정한 경우에는 **관리처분계획인가 후부터** 소유권 이전의 고시일까지 청산금을 분할징수할 수 있다.

059 청산금을 지급받을 권리는 소유권 **이전고시일 다음 날부터 5년간** 이를 행사하지 아니하면 소멸한다.

PART 04 건축법

01 용어의 정의

필살키 057~058

001 지하나 고가(高架)의 공작물에 설치하는 사무소·공연장·점포·차고·창고, 그 밖에 대통령령으로 정하는 것은 '건축물'에 **해당한다**.

002 방화벽 또는 방화구획을 위한 바닥 또는 벽을 수선 또는 변경하는 것은 '대수선'에 해당한다.

003 '개축'이란 기존 건축물의 전부 또는 일부(내력벽·기둥·보·지붕틀 중 **셋 이상**이 포함되는 경우를 말한다)를 해체하고 그 대지에 종전과 같은 규모의 범위에서 건축물을 다시 축조하는 것을 말한다.

004 주요구조부에 해당하는 것은 바닥, 지붕틀, 보, 내력벽, 주계단, 기둥 등이다. **사이기둥, 작은보, 차양, 옥외계단, 최하층바닥** 등은 해당되지 않는다.

005 다중이용 건축물이란 '숙박시설 중 관광숙박시설·판매시설·문화 및 집회시설(**동물원 및 식물원은 제외**)·종교시설·의료시설 중 종합병원 또는 운수시설 중 여객용 시설' 중 어느 하나에 해당하는 용도로 쓰는 바닥면적의 합계가 **5천㎡ 이상**인 건축물 또는 **16층 이상**인 건축물 중 어느 하나에 해당하는 건축물을 말한다.

006 허가권자는 **초고층 건축물** 또는 **16층** 이상이고 연면적이 **10만㎡** 이상인 건축물에 대하여 건축허가를 하기 전에 건축물의 구조, 지반 및 풍환경 등이 건축물의 구조안전과 인접 대지의 안전에 미치는 영향 등을 평가하는 '건축물 안전영향평가'를 안전영향평가기관에 의뢰하여 실시하여야 한다.

007 안전영향평가 결과는 건축위원회의 심의를 거쳐 확정한다. 이 경우 건축위원회의 심의를 받아야 하는 건축물은 건축위원회 심의에 안전영향평가 결과를 **포함**하여 심의할 수 있다.

008 허가권자는 심의 결과 및 안전영향평가 내용을 국토교통부령으로 정하는 방법에 따라 **즉시** 공개하여야 한다.

009 안전영향평가를 실시하여야 하는 건축물이 다른 법률에 따라 구조안전과 인접 대지의 안전에 미치는 영향 등을 평가받은 경우에는 안전영향평가의 해당 항목을 **평가받은 것으로 본다**.

010 고속도로 통행료 징수시설을 건축하는 경우에는 「건축법」상 대지의 분할제한 규정이 **적용되지 않는다**.

011 철도의 선로부지에 있는 플랫폼을 건축하는 경우에는 「건축법」상 건폐율 규정이 **적용되지 않는다**.

012 지구단위계획구역이 아닌 계획관리지역으로서 동이나 읍이 아닌 지역에서는 「건축법」상 건축선에 의한 건축제한 규정이 적용되지 않는다.

02 건축허가 및 건축신고 　필살키 059~063

013 사전결정신청자는 사전결정을 통지받은 날부터 2년 이내에 건축허가를 신청하여야 하며, 이 기간에 건축허가를 신청하지 아니하면 사전결정의 효력이 상실된다.

014 21층 이상의 건축물 등 대통령령으로 정하는 용도 및 규모의 건축물을 광역시에 건축하려면 광역시장의 허가를 받아야 한다.

015 공장과 창고는 도지사의 사전승인을 받아야 하는 건축물이 아니다.

016 건축신고를 한 자가 신고일부터 1년 이내에 공사에 착수하지 아니하면 그 신고의 효력은 없어진다.

017 국토교통부장관은 국토관리를 위하여 특히 필요하다고 인정하는 경우 시장·군수·구청장(허가권자)의 건축허가를 제한할 수 있다.

018 특별시장·광역시장·도지사는 지역계획 또는 도시·군계획상 특히 필요한 경우 시장·군수·구청장의 건축허가나 허가받은 건축물의 착공을 제한할 수 있다.

019 건축허가나 건축물의 착공을 제한하는 경우 제한기간은 2년 이내로 한다. 다만, 1회에 한하여 1년 이내의 범위에서 제한기간을 연장할 수 있다.

020 허가권자는 숙박시설이나 위락시설에 해당하는 건축물의 건축을 허가하는 경우 건축물의 용도·규모 또는 형태가 주거환경이나 교육환경 등 주변 환경을 고려할 때 부적합하다고 인정되면 건축위원회의 심의를 거쳐 건축허가를 하지 않을 수 있다.

021 연면적이 200m^2 미만이고 3층 미만인 건축물의 대수선은 건축신고의 대상이다.

022 1층의 바닥면적이 50m^2, 2층의 바닥면적이 30m^{2}인 2층 건축물의 신축인 경우에는 건축신고를 하면 건축허가를 받은 것으로 본다.

023 연면적이 200m^2 미만이고, 3층 미만인 건축물의 피난계단 증설(대수선)인 경우에는 건축신고를 하면 건축허가를 받은 것으로 본다.

024 기존 건축물의 높이에서 3m 이하의 범위에서 증축하는 경우 건축신고를 하면 건축허가를 받은 것으로 본다.

025 건축신고를 한 경우에는 공사용 가설건축물의 축조신고를 한 것으로 본다.

026 바닥면적이 100m² 이하인 단층 건축물의 신축인 경우에는 건축신고를 하면 건축허가를 받은 것으로 본다.

027 신고대상 건축물에 대하여 건축신고를 하면 건축허가를 받은 것으로 보며, 건축허가를 받은 건축의 건축주를 변경하는 경우에는 신고하여야 한다.

028 건축신고를 한 건축물을 주요구조부를 해체하지 아니하고 같은 대지의 다른 위치로 옮기는 경우에는 변경신고를 하여야 한다.

03 건축물의 건축   필살키 063~065

029 허가권자는 일정한 규모의 건축물을 착공신고하는 건축주에게 장기간 공사현장방치에 대비하여 미리 예치금을 예치하게 할 수 있다.

030 국가나 지방자치단체는 건축물을 건축·대수선·용도변경하거나 가설건축물을 건축하거나 공작물을 축조하려는 경우에는 대통령령으로 정하는 바에 따라 미리 건축물의 소재지를 관할하는 허가권자와 협의하여야 한다.

031 일반음식점, 동일한 건축물 안에서 당해 용도에 쓰이는 바닥면적의 합계는 500m² 미만인 테니스장·부동산중개사무소[바닥면적의 합계가 30m² 미만인 경우는 제1종 근린생활시설]·골프연습장은 제2종 근린생활시설이고, 일용품을 판매하는 소매점·산후조리원·마을회관은 제1종 근린생활시설에 해당하는 시설이다.

032 사용승인서를 교부받기 전에 공사가 완료된 부분이 건폐율, 용적률 등의 법적 기준에 적합한 경우 허가권자는 대통령령으로 정하는 바에 따라 임시사용을 승인할 수 있으며 그 기간은 2년 이내로 하여야 한다. 다만, 허가권자는 대형건축물 또는 암반공사 등으로 인하여 공사기간이 장기간인 건축물에 대하여는 그 기간을 연장할 수 있다.

033 건축민원전문위원회는 시·도 및 시·군·구에 설치하는 건축위원회에 한정하고, 건축분쟁전문위원회는 국토교통부에 설치하는 건축위원회에 한정한다.

034 건축등과 관련된 건축허가권자, 건축지도원, 건축신고수리자를 제외한 분쟁대상자 간의 분쟁의 조정 및 재정을 하기 위하여 건축분쟁전문위원회를 둔다.

035 건축민원전문위원회가 위원회에 출석하게 하여 의견을 들 수 있는 자는 **신청인, 허가권자의 업무담당자, 이해관계자 또는 참고인**이다.

036 건축민원전문위원회에 질의민원의 심의를 신청하려는 자는 문서에 의할 수 없는 특별한 사정이 있는 경우에는 **구술로도 신청할 수 있다.**

04 대지의 조경 · 대지와 도로

037 면적 5천m² 미만인 대지에 건축하는 공장, **연면적의 합계가 1천500m² 미만인 공장**, 산업단지의 공장은 조경을 설치하지 아니할 수 있다.

038 면적이 200m² 이상인 대지에 건축을 하는 건축주는 조경이나 그 밖에 필요한 조치를 하여야 하지만, **녹지지역에 건축하는 건축물은 면적제한 없이 조경을 설치하지 아니할 수 있다.**

039 담장의 지표 위 부분은 건축선의 수직면을 넘어서는 아니된다. 다만, **지표 아래 부분은 그러하지 아니하다.**

040 연면적의 합계가 3천m² 이상인 공장의 대지는 너비 **6m** 이상의 도로에 **4m** 이상 접하여야 한다.

041 특별자치시장·특별자치도지사 또는 시장·군수·구청장은 건축물의 위치나 환경을 정비하기 위하여 필요하다고 인정되면 **4m** 이하의 범위에서 건축선을 따로 지정할 수 있다.

042 손궤의 우려가 있는 토지에 대지를 조성하면서 설치한 옹벽의 외벽면에는 옹벽의 지지 또는 배수를 위한 **시설 외의 구조물**이 밖으로 튀어 나오게 해서는 아니 된다.

05 특별건축구역 · 건축협정 · 결합건축

043 **국토교통부장관**은 국가가 국제행사 등을 개최하는 도시 또는 지역의 사업구역, 시·도지사는 지방자치단체가 국제행사 등을 개최하는 도시 또는 지역의 사업구역에 **특별건축구역**을 지정할 수 있다.

044 토지 또는 건축물의 소유자, 지상권자 등은 **전원**의 합의로 주거환경개선사업을 시행하기 위하여 지정·고시된 정비구역에서 건축물의 건축·대수선 또는 리모델링에 관한 **건축협정**을 체결할 수 있다.

045 건축협정의 인가를 받은 **건축협정구역**에서 연접한 대지에 대하여는 **건축물의 용적률, 계단의 설치를 제외한** 관계 법령의 규정(지하층의 설치, 건폐율, 개인하수처리시설의 설치 등)을 개별 건축물마다 적용하지 아니하고 건축협정구역의 전부 또는 일부를 대상으로 통합하여 적용할 수 있다.

046 「국토의 계획 및 이용에 관한 법률」에 따라 지정된 상업지역에서 대지 간의 최단거리가 **100m 이내**의 범위에서 2개의 대지의 건축주가 서로 합의한 경우 **결합건축**을 할 수 있다.

06 지역 및 지구 안의 건축물

필살키 069~073

047 하나의 건축물이 방화지구와 그 밖의 구역에 걸치는 경우에는 **토지를 제외한 건축물 전부**에 대하여 방화지구 안의 건축물에 관한 「건축법」의 규정을 적용한다.

048 대지가 녹지지역과 그 밖의 지역·지구 또는 구역에 걸치는 경우에는 **각 지역·지구 또는 구역 안의 건축물과 대지에 관한 「건축법」의 규정을 적용한다.**

049 하나의 건축물이 방화지구와 그 밖의 구역에 걸치는 경우에는 **그 전부**에 대하여 방화지구 안의 건축물에 관한 「건축법」의 규정을 적용한다. 다만, 건축물의 방화지구에 속한 부분과 그 밖의 구역에 속한 부분의 경계가 방화벽으로 구획되는 경우 그 밖의 구역에 있는 부분에 대하여는 **그러하지 아니하다**.

050 **특별시장이나 광역시장**은 도시의 관리를 위하여 필요하면 가로구역별 건축물의 높이를 **특별시나 광역시**의 조례로 정할 수 있다.

051 **허가권자**가 가로구역별 건축물의 높이를 지정할 경우 지방건축위원회 심의를 거쳐야 하며, **허가권자**는 같은 가로구역에서 건축물의 용도 및 형태에 따라 건축물의 높이를 **다르게 정할 수 있다**.

052 「건축법」의 규정을 통하여 「국토의 계획 및 이용에 관한 법률」상 건폐율의 최대한도를 강화하여 적용할 수 있고, 이를 **완화하여 적용할 수도 있다**.

053 건축물이 있는 대지는 건축물의 건폐율 또는 용적률에 못미치게 분할할 수 **없다**.

054 건축물의 노대의 바닥은 난간 등의 설치 여부에 관계없이 노대의 면적에서 노대가 접한 **가장 긴** 외벽에 접한 길이에 1.5m를 곱한 값을 뺀 면적을 바닥면적에 산입한다.

055 건축물을 리모델링하는 경우로서 미관 향상, 열의 손실 방지 등을 위하여 외벽에 부가하여 마감재 등을 설치하는 부분은 바닥면적에 **산입하지 아니한다**.

056 공동주택으로서 지상층에 설치한 전기실·조경시설의 면적은 바닥면적에 산입하지 아니한다.

057 벽·기둥의 구획이 없는 건축물의 바닥면적은 그 지붕 끝부분으로부터 수평거리 1m를 후퇴한 선으로 둘러싸인 수평투영면적으로 한다.

058 2층 이하로서 높이가 8m 이하인 건축물에는 일조 등의 확보를 위한 건축물의 높이제한에 관한 규정을 적용하지 아니할 수 있다.

059 공동주택으로서 하나의 대지에 두 동(棟) 이상을 건축하는 경우에는 채광의 확보를 위한 높이제한이 적용된다. 다만, 일반상업지역과 중심상업지역에 건축하는 것은 제외한다.

060 전용주거지역이나 일반주거지역에서 건축물을 건축하는 경우에는 일조의 확보를 위하여 건축물을 정북방향으로의 인접 대지경계선으로부터 높이 10m 이하인 부분은 1.5m 이상 띄어 건축하여야 한다.

PART 05 주택법

01 용어의 정의 필살카 074~076

001 '주택'이란 세대의 구성원이 장기간 독립된 주거생활을 할 수 있는 구조로 된 건축물의 전부 또는 일부 및 그 부속토지를 말한다.

002 '공구'란 하나의 주택단지에서 둘 이상으로 구분되는 일단의 구역으로서 공구별 세대수는 300세대 이상으로 해야 한다.

003 '연립주택'이란 주택으로 쓰는 1개 동의 바닥면적 합계가 660㎡를 초과하고, 층수가 4개 층 이하인 주택을 말한다.

004 「산업입지 및 개발에 관한 법률」에 따른 산업단지개발사업에 의하여 개발·조성되는 공동주택이 건설되는 용지는 공공택지에 해당한다.

005 수도권을 제외한 도시지역이 아닌 읍 또는 면 지역의 경우 국민주택규모의 주택이란 1호(戶) 또는 1세대당 주거전용면적이 100㎡ 이하인 주택을 말한다.

006 지방자치단체의 재정으로부터 자금을 지원받아 건설되는 주택으로서 국민주택규모 이하이면 국민주택에 해당된다.

007 다세대주택의 경우 주거전용면적은 건축물의 바닥면적에서 복도, 계단, 현관 등 공동주택의 지상층에 있는 공용면적과 지하층, 관리사무소 등 그 밖의 공용면적을 제외한 면적으로 한다.

008 H건설회사가 지방자치단체의 재정으로부터 자금을 지원받지 않고 수도권에 건설한 주거전용면적이 1세대당 80㎡인 아파트는 민영주택에 해당한다.

009 도시형 생활주택이란 300세대 미만의 국민주택규모에 해당하는 주택으로 대통령령으로 정하는 주택을 말한다.

010 「수도권정비계획법」에 따른 수도권의 경우 도시형 생활주택은 1호(戶) 또는 1세대당 주거전용면적이 85㎡ 이하이어야 한다.

011 도시형 생활 주택과 주거전용면적이 85㎡를 초과하는 주택 1세대를 함께 건축할 수 있다. 또한, 준주거지역 또는 상업지역에서 아파트형 주택과 도시형 생활주택 외의 주택을 함께 건축할 수 있다.

012 도시형 생활주택에는 분양가상한제가 **적용되지 아니한다.**

02 등록사업자

013 등록사업자와 공동으로 주택건설사업을 하려는 주택조합은 국토교통부장관에게 **등록할 필요가 없다.**

014 미성년자·피성년후견인 또는 피한정후견인의 **선고가 취소된 경우**와 파산선고를 받은 자로서 **복권된 자**는 기간에 상관없이 주택건설사업의 **등록을 할 수 있다.**

015 연간 단독주택의 경우에는 **20호**, 공동주택의 경우에는 **20세대** 이상의 주택건설사업을 시행하려는 자 또는 연간 **1만m²** 이상의 대지조성사업을 시행하려는 자는 국토교통부장관에게 등록하여야 한다.

016 세대수를 증가하지 않는 리모델링주택조합은 새로운 주택을 건설하지 않기 때문에 등록사업자와 공동으로 주택건설사업을 **시행하지 아니한다.**

03 주택조합

017 국민주택을 공급받기 위하여 직장주택조합을 설립하는 경우 관할 **시장·군수·구청장에게 신고하여야 한다.**

018 조합의 설립인가를 받은 후 승인을 얻어 조합원으로 추가 모집되거나 충원되는 자가 조합원 자격 요건을 갖추었는지를 판단할 때에는 해당 **조합설립인가 신청일**을 기준으로 한다.

019 리모델링주택조합이 아닌 주택조합은 주택건설예정세대수의 50% 이상의 조합원으로 구성하되, 그 수는 **20명** 이상이어야 한다.

020 주택조합(**리모델링주택조합은 제외**)은 그 구성원을 위하여 건설하는 주택을 조합원에게 우선 공급할 수 있으며, 국민주택을 공급받기 위한 직장주택조합에 대하여는 사업주체가 국민주택을 그 조합원에게 우선 공급할 수 있다.

021 지역주택조합 또는 직장주택조합은 설립인가를 받은 후에는 원칙적으로 해당 조합원을 교체하거나 신규로 가입하게 할 수 **없다.**

022 탈퇴한 조합원(제명된 조합원을 포함한다)은 조합규약으로 정하는 바에 따라 부담한 비용의 환급을 청구할 수 있다.

023 지역주택조합 또는 직장주택조합의 설립인가를 받거나 인가받은 내용을 변경하기 위하여 조합원을 모집하려는 자는 관할 시장·군수·구청장에게 신고하고, 공개모집의 방법으로 조합원을 모집하여야 한다. 조합 설립인가를 받기 전에 신고한 내용을 변경하는 경우에도 또한 같다. 다만, 공개모집 이후 조합원의 사망·자격상실·탈퇴 등으로 인한 결원을 충원하거나 미달된 조합원을 재모집하는 경우에는 신고하지 아니하고 **선착순의 방법**으로 조합원을 모집할 수 있다.

024 지역주택조합의 설립인가 후 **조합원의 사망**으로 인한 결원의 경우에는 조합원 수가 주택건설 예정 세대수의 50% 이상을 유지하고 있더라도 **조합원을 충원할 수 있다**.

025 조합설립인가 신청일부터 해당 조합주택의 입주가능일까지 주거전용면적 85m² 이하의 주택 1채를 보유하고, 6개월 이상 동일 지역에 거주한 세대주인 자는 지역주택조합 조합원의 자격이 **있다**.

026 조합원의 사망으로 인하여 조합원의 지위를 상속받으려는 자는 **무주택자가 아니어도 된다**.

027 리모델링주택조합의 경우 공동주택의 소유권이 여러 명의 공유에 속하는 경우에는 **그 여러 명을 대표하는 1명**을 조합원으로 본다.

028 주거전용면적 85m² 이하의 주택 1채를 소유하고 있는 세대주인 자는 국민주택을 공급받기 위하여 설립하는 직장주택조합의 조합원이 될 수 **없다**.

04 사업계획승인

029 주택상환사채를 발행하려는 자는 주택상환사채발행계획을 수립하여 **국토교통부장관**의 승인을 받아야 한다.

030 등록사업자의 등록이 말소된 경우에도 등록사업자가 발행한 주택상환사채의 **효력에는 영향을 미치지 아니한다**.

031 **한국토지주택공사**와 **등록사업자**는 주택상환사채를 발행할 수 있으며, **등록사업자**는 자본금·자산평가액 및 기술인력 등이 대통령령으로 정하는 기준에 맞고 금융기관 또는 주택도시보증공사의 보증을 받은 경우에만 발행할 수 있다.

032 세대원 전원이 상속에 의하여 취득한 주택으로 이전하는 경우에는 주택상환사채를 양도하거나 중도에 해약할 수 **있다**.

033 사업계획승인권자는 사업계획승인의 신청을 받았을 때에는 정당한 사유가 없으면 신청받은 날부터 **60일** 이내에 사업주체에게 승인 여부를 통보하여야 한다.

034 사업계획승인권자는 사업주체가 경매로 인하여 대지소유권을 상실한 경우에는 그 사업계획의 승인을 **취소할 수 있다**.

035　지역주택조합은 설립인가를 받은 날부터 **2년** 이내에 사업계획승인을 신청하여야 한다.

036　주택조합이 승인받은 총사업비의 **20%의 범위**에서 사업비를 감액하는 변경을 하려면 변경승인을 받아야 한다.

037　사업계획승인권자는 사업계획승인에 관한 사항을 **고시하여야 한다**.

038　사업주체는 최초로 공사를 진행하는 공구 외의 공구에서 해당 주택단지에 대한 최초 착공신고일부터 **2년 이내**에 공사를 시작하여야 한다.

039　사업주체가 소송 진행으로 인하여 공사착수가 지연되어 연장 신청을 한 경우, 사업계획승인권자는 그 분쟁이 종료된 날부터 **1년**의 범위에서 공사 착수기간을 연장할 수 있다.

040　주택분양보증을 받지 않은 사업주체가 파산하여 공사 완료가 불가능한 경우, 사업계획승인권자는 사업계획승인을 **취소할 수 있다**.

041　리모델링의 허가를 신청하기 위한 동의율을 확보한 경우 리모델링 결의를 한 리모델링주택조합은 그 리모델링 결의에 찬성하지 아니하는 자의 주택 및 토지에 대하여 매도청구를 할 수 **있다**.

042　주택건설대지에 사용권원을 확보하지 못한 대지는 물론 건축물이 있는 경우라도 그 대지(건축물)는 매도청구의 **대상이 된다**.

043　사업주체는 매도청구 대상이 되는 대지의 소유자와 매도청구를 하기 전에 **3개월 이상 협의를 하여야 한다**.

044　사업주체가 주택건설대지면적 중 **100분의 95 이상의 사용권원을 확보한 경우**, 사용권원을 확보하지 못한 대지의 **모든 소유자**에게 매도청구를 할 수 있다.

05 주택의 공급　　*필살키* 085~090

045　국가·지방자치단체·한국토지주택공사 또는 지방공사가 아닌 사업주체는 입주자를 모집하려는 경우 일정한 서류를 갖추어 시장·군수·구청장의 승인(복리시설의 경우에는 신고)을 받아야 하지만, **공공주택사업자가 사업주체인 경우는 제외된다**.

046　**시장·군수·구청장**은 분양가격의 제한 및 공시에 관한 사항을 심의하기 위하여 분양가심사위원회를 설치·운영하여야 한다.

047　「관광진흥법」에 따라 지정된 관광특구에서 건설·공급하는 공동주택으로서 해당 건축물의 층수가 **50층 이상**이거나 높이가 **150m 이상**인 경우에는 분양가상한제의 적용을 받지 않는다.

048 사업주체가 공공택지에서 공급하는 분양가상한제 적용주택에 대하여 입주자모집승인을 받았을 때에는 분양가격을 **공시하여야 한다**.

049 일정한 지역의 주택가격상승률이 물가상승률보다 현저히 높은 경우 **국토교통부장관 또는 시·도지사**는 해당 지역을 투기과열지구로 지정할 수 있다.

050 투기과열지구 지정 직전월부터 소급하여 주택공급이 있었던 **2개월** 동안 해당 지역에서 공급되는 주택의 월별 평균 청약경쟁률이 모두 **5대 1**을 초과했거나 국민주택규모 주택의 월별 평균 청약경쟁률이 모두 **10대 1**을 초과한 곳은 투기과열지구로 지정하여야 한다.

051 투기과열지구에서 주택의 입주자로 선정된 지위는 이혼으로 인하여 배우자에게 이전이 불가피하고 한국토지주택공사의 동의를 받은 경우에는 **배우자에게 이전할 수 있다**.

052 **토지소유자가 아닌 투기과열지구로 지정된 지역의 시·도지사 또는 시장·군수·구청장**은 투기과열지구 지정 후 해당 지역의 주택가격이 안정되는 등 지정 사유가 없어졌다고 인정되는 경우에는 국토교통부장관 또는 시·도지사에게 투기과열지구 지정의 해제를 요청할 수 있다.

053 투기과열지구에서 건설·공급되는 주택의 입주자로 선정된 지위의 전매제한기간은 수도권은 **3년**, 수도권 외의 지역은 **1년**으로 한다.

054 사업주체가 전매행위가 제한되는 **분양가상한제 적용주택, 공공택지 외의 택지**에서 건설·공급되는 주택, **토지임대부 분양주택**을 공급하는 경우 그 주택의 소유권을 제3자에게 이전할 수 없음을 소유권에 관한 등기에 부기등기하여야 한다.

055 주택의 입주자로 선정된 지위의 전매가 이루어진 경우, 사업주체가 금액(매입비용)을 매수인에게 지급한 경우에는 그 지급한 날에 사업주체가 해당 입주자로 선정된 지위를 **취득한 것으로 본다**.

056 세대주의 근무상 사정으로 인하여 세대원 **전원**이 다른 광역시, 특별자치시, 특별자치도, 시 또는 군(광역시의 관할 구역에 있는 군 제외)으로 이전하는 경우(수도권 안에서 이전하는 경우는 제외) 또는 세대원 **전원**이 해외로 이주하는 경우로서 한국토지주택공사의 동의를 받은 경우에는 전매제한 주택을 전매할 수 있다.

057 토지임대부 분양주택의 토지에 대한 임대차기간은 **40년 이내**로 한다.

058 토지임대부 분양주택 소유자의 **75% 이상**이 계약갱신을 청구하는 경우 **40년의 범위**에서 이를 갱신할 수 있다.

059 토지임대료는 **월별** 임대료를 원칙으로 하되, 토지소유자와 주택을 공급받은 자가 합의한 경우 대통령령으로 정하는 바에 따라 임대료를 선납하거나 보증금으로 전환하여 납부할 수 **있다**.

060 토지임대부 분양주택을 공급받은 자는 전매제한기간이 지나기 전에 대통령령으로 정하는 바에 따라 **한국토지주택공사**에 해당 주택의 매입을 신청할 수 있다.

PART 06 농지법

01 용어의 정의   필살키 091

001 조경 또는 관상용 수목과 그 묘목 등에 해당하는 다년생식물 재배지로 이용되는 토지는 농지에 해당한다. 다만, **조경목적으로 식재한 것은 제외된다**.

002 농지소유자가 타인에게 일정한 보수를 지급하기로 약정하고 농작업의 일부만을 위탁하여 행하는 농업경영도 '위탁경영'에 **해당한다**.

003 **1,000㎡ 이상**의 농지에서 다년생식물을 재배하거나 1년 중 **90일 이상**을 농업에 종사하는 자는 '농업인'에 해당한다.

004 소가축 **100두 이상**을 사육하거나 1년 중 **120일 이상**을 축산업에 종사하는 개인은 '농업인'에 해당한다.

02 농지의 소유   필살키 092~093

005 「병역법」에 따라 징집 또는 소집되어 휴경하는 경우에는 **처분의무면제사유에 해당한다**.

006 주말·체험영농을 하려는 사람은 총 **1천㎡ 미만**의 농지를 소유할 수 있다. 이 경우 면적계산은 그 세대원 전부가 소유하는 총면적으로 한다.

007 상속으로 농지를 취득한 자로서 농업경영을 하지 아니하는 자는 그 상속농지 중에서 총 **1만㎡까지만** 소유할 수 있다.

008 농지소유자가 시장·군수 또는 구청장으로부터 농지처분명령을 받은 경우 **한국농어촌공사**에 그 농지의 매수를 청구할 수 있다.

009 시장·군수 또는 구청장은 처분명령을 받은 후 정당한 사유 없이 지정기간까지 그 처분명령을 이행하지 아니한 자에게 해당 농지의 감정평가법인 등에 감정평가한 감정가격 또는 개별공시지가 중 더 높은 가액의 **100분의 25**에 해당하는 이행강제금을 부과한다.

010 국가나 지방자치단체가 농지를 소유하는 경우, 상속으로 농지를 취득하여 소유하는 경우, 한국농어촌공사가 농지를 취득하여 소유하는 경우, 농업법인의 합병으로 농지를 취득하는 경우, 공유농지의 분할로 농지를 취득하는 경우, 시효의 완성으로 농지를 취득하는 경우에는 **농지취득자격증명을 발급받지 아니하고 농지를 취득할 수 있다**.

03 농지의 이용 및 보전

011 농업경영을 하려는 자에게 농지를 임대하는 경우 **서면계약**을 원칙으로 한다.

012 유휴농지를 대리경작하는 경우 대리경작자는 수확량의 **100분의 10**을 그 농지의 소유권자나 임차권자에게 토지사용료로 지급하여야 한다.

013 개인이 소유하고 있는 농지 중 3년 이상 소유한 농지를 주말·체험영농을 하려는 자에게 임대하는 것을 업(業)으로 하는 자에게 자신의 농지를 임대할 수 **있다**.

014 유휴농지의 대리경작기간은 따로 정하지 아니하면 **3년**으로 한다.

015 지력의 증진을 위하여 필요한 기간 동안 휴경하는 농지에 대하여는 대리경작자를 지정할 수 **없다**.

016 농지를 농업인 주택, 농수산물 유통·가공시설, 농업인의 공동생활 편의시설 부지로 전용하려는 자는 **시장·군수 또는 자치구구청장**에게 신고하여야 한다.

017 농업진흥지역 밖의 농지를 농지전용허가를 받지 아니하고 전용한 자는 **3년** 이하의 징역 또는 해당 토지가액의 **100분의 50**에 해당하는 금액 이하의 벌금에 처한다.

018 **농업진흥구역**의 용수원 확보, 수질보전 등 농업환경을 보호하기 위하여 필요한 지역을 **농업보호구역**으로 지정할 수 있다.

019 산지전용허가를 받지 아니하고 불법으로 개간한 농지라도 이를 다시 산림으로 복구하는 경우에는 농지전용허가를 **받지 아니한다**.

020 농지전용허가를 받은 자가 관계 공사의 중지명령을 위반한 경우에는 허가를 **취소하여야 한다**.

에듀윌이
너를
지지할게
ENERGY

삶의 순간순간이
아름다운 마무리이며
새로운 시작이어야 한다.

– 법정 스님

MEMO

2025 에듀윌 공인중개사 오시훈 필살키

발 행 일	2025년 8월 18일 초판
편 저 자	오시훈
펴 낸 이	양형남
펴 낸 곳	(주)에듀윌
I S B N	979-11-360-3820-3
등록번호	제25100-2002-000052호
주　　소	08378 서울특별시 구로구 디지털로34길 55 코오롱싸이언스밸리 2차 3층

* 이 책의 무단 인용·전재·복제를 금합니다.

www.eduwill.net
대표전화 1600-6700

여러분의 작은 소리
에듀윌은 크게 듣겠습니다.

본 교재에 대한 여러분의 목소리를 들려주세요.
공부하시면서 어려웠던 점, 궁금한 점,
칭찬하고 싶은 점, 개선할 점, 어떤 것이라도 좋습니다.

에듀윌은 여러분께서 나누어 주신 의견을
통해 끊임없이 발전하고 있습니다.

에듀윌 도서몰 book.eduwill.net
- 부가학습자료 및 정오표: 에듀윌 도서몰 → 도서자료실
- 교재 문의: 에듀윌 도서몰 → 문의하기 → 교재(내용, 출간) / 주문 및 배송

에듀윌 직영학원에서 합격을 수강하세요

언제나 전문 학습 매니저와 상담이 가능한 안내데스크

고품질 영상 및 음향 장비를 갖춘 최고의 강의실

재충전을 위한 카페 분위기의 아늑한 휴게실

에듀윌의 상징 노란색의 환한 학원 입구

에듀윌 직영학원 대표전화

공인중개사 학원 02)815-0600	공무원 학원 02)6328-0600	편입 학원 02)6419-0600
주택관리사 학원 02)815-3388	소방 학원 02)6337-0600	부동산아카데미 02)6736-0600
전기기사 학원 02)6268-1400		

공인중개사학원 바로가기

합격하고 꼭 해야 할 것 1

에듀윌 공인중개사
동문회 특권

1. 에듀윌 공인중개사 합격자 모임

2. 성공 DREAM 지원금 가입 자격 부여

3. 동문회 인맥북
업계 최대 네트워크

4. 개업 축하 선물

5. 온라인 커뮤니티
부동산 정보 실시간 공유

6. 오프라인 커뮤니티

지부/기수 정기모임

7. 공인중개사 취업박람회

8. 동문회 주최 실무 특강

9. 프리미엄 복지혜택
숙박/자기계발/의료 및 소식지 무료 구독
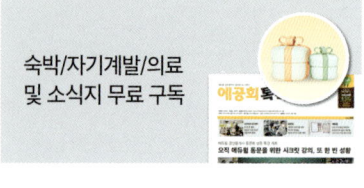

10. 마이오피스
동문 사무소 등록/조회

11. 동문회와 함께하는 사회공헌활동

※ 성공 DREAM 지원금 신청은 에듀윌 공인중개사 VVIP 프리미엄 성공패스 수강 후 2027년까지 공인중개사 최종 합격자에 한해 가능합니다. (상세 내용 홈페이지 유의사항 확인 필수)
※ 본 특권은 회원별로 상이하며, 예고 없이 변경될 수 있습니다.

에듀윌 공인중개사 동문회 | dongmun.eduwill.net
문의 | 1600-6700

합격하고 꼭 해야 할 것 2

에듀윌 부동산 아카데미 강의 듣기

성공 창업의 필수 코스
부동산 창업 CEO 과정

1 튼튼 창업 기초
- 창업 입지 컨설팅
- 중개사무 문서작성
- 성공 개업 실무TIP

2 중개업 필수 실무
- 온라인 마케팅
- 세금 실무
- 토지/상가 실무
- 재개발/재건축

3 실전 Level-Up
- 계약서작성 실습
- 중개영업 실무
- 사고방지 민법실무
- 빌딩 중개 실무
- 부동산경매

4 부동산 투자
- 시장 분석
- 투자 정책

부동산으로 성공하는
컨설팅 전문가 3대 특별 과정

마케팅 마스터
- 데이터 분석
- 블로그 마케팅
- 유튜브 마케팅
- 실습 샘플 파일 제공

디벨로퍼 마스터
- 부동산 개발 사업
- 유형별 절차와 특징
- 토지 확보 및 환경 분석
- 사업성 검토

빅데이터 마스터
- QGIS 프로그램 이해
- 공공데이터 분석 및 활용
- 컨설팅 리포트 작성
- 토지 상권 분석

경매의 神과 함께 '중개'에서
'경매'로 수수료 업그레이드

- 공인중개사를 위한 경매 실무
- 투자 및 중개업 분야 확장
- 고수들만 아는 돈 되는 특수 물권
- 이론(기본) - 이론(심화) -
  임장 3단계 과정
- 경매 정보 사이트 무료 이용

실전 경매의 神
안성선
이주왕
장석태

에듀윌 부동산 아카데미 | uland.eduwill.net
문의 | 온라인 강의 1600-6700, 학원 강의 02)6736-0600

꿈을 현실로 만드는
에듀윌

DREAM

공무원 교육
- 선호도 1위, 신뢰도 1위! 브랜드만족도 1위!
- 합격자 수 2,100% 폭등시킨 독한 커리큘럼

자격증 교육
- 9년간 아무도 깨지 못한 기록 합격자 수 1위
- 가장 많은 합격자를 배출한 최고의 합격 시스템

직영학원
- 검증된 합격 프로그램과 강의
- 1:1 밀착 관리 및 컨설팅
- 호텔 수준의 학습 환경

종합출판
- 온라인서점 베스트셀러 1위!
- 출제위원급 전문 교수진이 직접 집필한 합격 교재

어학 교육
- 토익 베스트셀러 1위
- 토익 동영상 강의 무료 제공

콘텐츠 제휴 · B2B 교육
- 고객 맞춤형 위탁 교육 서비스 제공
- 기업, 기관, 대학 등 각 단체에 최적화된 고객 맞춤형 교육 및 제휴 서비스

부동산 아카데미
- 부동산 실무 교육 1위!
- 상위 1% 고소득 창업/취업 비법
- 부동산 실전 재테크 성공 비법

학점은행제
- 99%의 과목이수율
- 17년 연속 교육부 평가 인정 기관 선정

대학 편입
- 편입 교육 1위!
- 최대 200% 환급 상품 서비스

국비무료 교육
- '5년우수훈련기관' 선정
- K-디지털, 산대특 등 특화 훈련과정
- 원격국비교육원 오픈

에듀윌 교육서비스 **공무원 교육** 9급공무원/소방공무원/계리직공무원 **자격증 교육** 공인중개사/주택관리사/손해평가사/감정평가사/노무사/전기기사/경비지도사/검정고시/소방설비기사/소방시설관리사/사회복지사1급/대기환경기사/수질환경기사/건축기사/토목기사/직업상담사/전기기능사/산업안전기사/건설안전기사/위험물산업기사/위험물기능사/유통관리사/물류관리사/행정사/한국사능력검정/한경TESAT/매경TEST/KBS한국어능력시험/실용글쓰기/IT자격증/국제무역사/무역영어 **어학 교육** 토익 교재/토익 동영상 강의 **세무/회계** 전산세무회계/ERP정보관리사/재경관리사 **대학 편입** 편입 영어·수학/연고대/의약대/경찰대/논술/면접 **직영학원** 공무원학원/소방학원/공인중개사 학원/주택관리사 학원/전기기사 학원/편입학원 **종합출판** 공무원·자격증 수험교재 및 단행본 **학점은행제** 교육부 평가인정기관 원격평생교육원(사회복지사2급/경영학/CPA) **콘텐츠 제휴·B2B 교육** 교육 콘텐츠 제휴/기업 맞춤 자격증 교육/대학취업역량 강화 교육 **부동산 아카데미** 부동산 창업CEO/부동산 경매 마스터/부동산 컨설팅 **주택취업센터** 실무 특강/실무 아카데미 **국비무료 교육(국민교육원)** 전기기능사/전기(산업)기사/소방설비(산업)기사/IT/빅데이터/자바프로그램/파이썬/게임그래픽/3D프린터/실내건축디자인/웹퍼블리셔/그래픽디자인/영상편집(유튜브) 디자인/온라인 쇼핑몰광고 및 제작(쿠팡, 스마트스토어)/전산세무회계/컴퓨터활용능력/ITQ/GTQ/직업상담사

교육 문의 1600-6700 www.eduwill.net

- 2022 소비자가 선택한 최고의 브랜드 공무원·자격증 교육 1위(조선일보) • 2023 대한민국 브랜드만족도 공무원·자격증·취업·학원·편입·부동산 실무 교육 1위 (한경비즈니스)
- 2017/2022 에듀윌 공무원 과정 최종 환급자 수 기준 • 2023년 성인 자격증, 공무원 직영학원 기준 • YES24 공인중개사 부문, 2025 에듀윌 공인중개사 1차 기출응용 예상문제집 민법 및 민사특별법 (2025년 6월 월별 베스트) • 교보문고 취업/수험서 부문, 2020 에듀윌 농협은행 6급 NCS 직무능력평가+실전모의고사 4회 (2020년 1월 27일~2월 5일, 인터넷 주간 베스트) 그 외 다수
- YES24 컴퓨터활용능력 부문, 2024 컴퓨터활용능력 1급 필기 초단기끝장(2023년 10월 3~4주 주별 베스트) 그 외 다수 • YES24 신규 자격증 부문, 2024 에듀윌 데이터분석 준전문가 ADsP 2주끝장 (2024년 4월 2주, 9월 5주 주별 베스트) • 인터파크 자격서/수험서 부문, 에듀윌 한국사능력검정시험 2주끝장 심화 (1, 2, 3급) (2020년 6~8월 월간 베스트) 그 외 다수 • YES24 국어 외국어 사전 영어 토익/TOEIC 기출문제/모의고사 분야 베스트셀러 1위 (에듀윌 토익 READING RC 4주끝장 리딩 종합서, 2022년 9월 4주 베스트) • 에듀윌 토익 교재 입문~실전 인강 무료 제공 (2022년 최신 강좌 기준/109강) • 2024년 종강반 중 모든 평가항목 정상 참여자 기준, 99% (평생교육원 기준) • 2008년~2024년까지 234인 누적수강학점으로 과목 운영 (평생교육원 기준)
- 에듀윌 국비교육원 구로센터 고용노동부 지정 '5년우수훈련기관' 선정 (2023~2027) • KRI 한국기록원 2016, 2017, 2019년 공인중개사 최다 합격자 배출 공식 인증 (2025년 현재까지 업계 최고 기록)